KNAUR

Diana & Percy Shakti
Johannsen
mit Shirley Michaela Seul

AUSSTEIGEN, EINSTEIGEN, LOS!

Eine Familie tauscht Hamsterrad
gegen große Freiheit

Besuchen Sie uns im Internet:
www.knaur.de

Aus Verantwortung für die Umwelt hat sich die Verlagsgruppe
Droemer Knaur zu einer nachhaltigen Buchproduktion verpflichtet.
Der bewusste Umgang mit unseren Ressourcen, der Schutz unseres Klimas
und der Natur gehören zu unseren obersten Unternehmenszielen.
Gemeinsam mit unseren Partnern und Lieferanten setzen wir uns für eine
klimaneutrale Buchproduktion ein, die den Erwerb von Klimazertifikaten
zur Kompensation des CO_2-Ausstoßes einschließt.
Weitere Informationen finden Sie unter: www.klimaneutralerverlag.de

Originalausgabe April 2020
Knaur Taschenbuch
© 2020 Knaur Verlag
Ein Imprint der Verlagsgruppe
Droemer Knaur GmbH & Co. KG, München
Alle Rechte vorbehalten. Das Werk darf – auch teilweise – nur mit
Genehmigung des Verlags wiedergegeben werden.
Redaktion: Ulrike Strerath-Bolz
Covergestaltung: ZERO Werbeagentur, München
Coverabbildung: Collage unter Verwendung von Motiven der Autoren
und chockdee Romkaew / shutterstock.com
Fotos im Bildteil aus dem Archiv der Familie Johannsen
Satz: Adobe InDesign im Verlag
Druck und Bindung: CPI books GmbH, Leck
ISBN 978-3-426-79079-3

2 4 5 3 1

Inhalt

Dritte Etappe
Unterwegs in der Schule des Lebens
101

Vierte Etappe
Wurzeln
133

Erste Etappe

Abschied vom Alltag

Das unbekannte Ausland

Wir parkten vor dem Rathaus in Andechs am Ammersee. »Ich mach das jetzt einfach«, sagte ich zu Diana.

»Einfach«, wiederholte sie.

»Genau«, bekräftigte ich. Alle hatten gesagt, dass es nicht klappen würde. Aber das hatten wir schon so oft in unserem Leben gehört. Und dann hatte es doch geklappt, wenn auch meistens anders, als wir uns etwas vorgestellt hatten. Das macht das Leben doch erst spannend, oder?

»Also, ich geh jetzt rein«, sagte ich noch einmal.

Diana lachte. In diesem Moment war ich unfassbar glücklich. Wir waren dabei, alles aufzugeben. Und meine Frau lachte. Sie glaubte den Schwarzsehern nicht, die uns prophezeit hatten, dass man sich nicht einfach so abmelden könne. *Wer sich wo abmeldet, muss sich woanders anmelden.* Das wollten wir aber nicht. Wir wollten das Abenteuer Freiheit wagen. Einfach los ins Blaue, ins Grüne, ans Meer. Keine Wurzeln, sondern Flügel, wenn auch Kotflügel. Seit einem halben Jahr arbeiteten wir an unserem Abschied aus der Wohnhaft. Selbst die Hausratversicherung war gekündigt.

Ich stieg aus.

»Papa, krieg ich ein Eis?« Unser Nesthäkchen, die vierjährige Lilly, winkte aus dem Fensterspalt des Busses.

»Wenn es klappt«, sagte ich.

»Was denn?«

»Wenn ich uns abmelden kann.«

»Du musst einfach sagen, dass ich ein Eis will.«

»Dann klappt es bestimmt«, schmunzelte Diana.

»Ich auch!«, rief Simon. »Zur Sicherheit.« Er war sieben und überließ seiner kleinen Schwester ungern das letzte Wort.

Schließlich mischte sich Lukas, unser Neunjähriger, ein und teilte mit: »Ich nehm das Eis auf jeden Fall.«

Ich überquerte die Straße, blieb auf der anderen Seite stehen, sah Diana und die Kinder in unserem »Fluchtfahrzeug«. In diesem Moment kam ich mir fast wie ein Bankräuber vor. Hatte ich nicht ein bisschen was Ungesetzliches im Sinn? Aber wir wollten niemandem etwas wegnehmen, wir wollten nur geben: den Kindern und uns selbst die Freiheit.

Auf der Gemeinde war wenig Betrieb an diesem Vormittag.

»Was kann ich für Sie tun?«, fragte eine freundlich dreinblickende Mittfünfzigerin.

»Ich würde mich gern abmelden. Und meine Kinder und meine Frau auch.« Ich legte unsere Dokumente auf den Tresen.

Sie öffnete das entsprechende Formular an ihrem Computer, tippte, dann fragte sie: »Und jetzt die neue Adresse, bitte. Wohin ziehen Sie?«

»Das wissen wir noch nicht.«

»Ach, ist Ihr Haus noch nicht fertig? Das hören wir häufig. Es ist aber auch ein Trauerspiel mit den Handwerkern heutzutage. Gibt ja fast keine mehr, und alle Kinder sollen studieren.«

»Nein, wir haben kein neues Haus. Wir wollen uns einfach nur abmelden.«

»Abmelden«, wiederholte sie und fügte »final« hinzu, was mir ein klein wenig unpassend erschien, aber irgendwie war es auch richtig; ich wollte uns gern aus den Registern verschwinden lassen.

»Hm«, machte sie, nachdem sie eine Weile herumgeklickt hatte. »Wissen Sie, das ist im System nicht vorgesehen.«

»Das habe ich vermutet«, sagte ich.

Mein Leben war genau genommen noch nie in einem System vorgesehen. Ich kam als schwarzer Junge in Deutschland zur Welt, verbrachte meine ersten Monate im Waisenhaus und wurde dann von einer liebevollen Familie mit einem nordisch klingenden Nachnamen adoptiert. Genauso systeminkompatibel war es weitergegangen. Schon oft hatte eine Sachbearbeiterin nach einem Kästchen für mich gesucht und keines gefunden. Manchmal war es dann sehr kompliziert geworden.

»Hier hab ich was«, strahlte die Frau plötzlich. »Wie wäre es mit unbekanntes Ausland?«

»Unbekanntes Ausland? Das klingt gut! Das nehme ich! Bitte fünf Mal mit Sahne. Darf ich Sie auf ein Eis einladen?«

»Das wäre Bestechung«, schmunzelte sie, klickte hier und klickte da, und dann waren die Johannsens abgemeldet.

Die ausgedruckten Bestätigungen in der Hand schwenkend, rannte ich über die Straße. Diana sah auf den ersten Blick, dass es geklappt hatte. Wir kannten uns seit über zehn Jahren und hatten viel miteinander erlebt, Schönes und Schlimmes, an dem andere Beziehungen manchmal zerbrechen. So wie den Tod unserer geliebten Tochter Zara.

»Und, wie war's?«, fragte Diana.

»Wie ich gesagt habe: einfach. Wir hätten uns nicht so viele Gedanken machen müssen. Sogar eine neue Adresse haben wir.«

»Eine Adresse?«, wiederholte Diana mit einem Fragezeichen im Gesicht.

Ich stieg ins Auto. »Wir wohnen jetzt im unbekannten Ausland.«

»Papa, wo ist das?«, fragte Lukas.

»Das weiß ich noch nicht«, sagte ich.

»Aber woher wissen wir dann, dass wir da sind?«

»Das spüren wir.«

»Und dann wohnen wir da?«

»Vielleicht. Vielleicht ist das unbekannte Ausland wie ein Regenbogen, dem wir folgen.«

»Mit einem fliegenden Teppich?«, hoffte Lilly.

»Mit einem Quad!«, rief Lukas.

»Mit einem Raumschiff«, ergänzte sein Bruder.

»Also, mir reicht unser toller neuer Bus«, sagte ich, und alle drei stimmten sofort zu.

Diana und ich wechselten einen Blick. Wie so oft in den letzten Wochen versicherten wir uns, dass wir das Richtige wagten. Auch wenn wir ständig hörten, dass das Wahnsinn war. *Das ist verantwortungslos! Das werden euch eure Kinder nie verzeihen! Wartet mal ab, bis sie größer sind! Ihr seid komplett verrückt. Seht ihr denn nicht, wie schön ihr es hier habt? So was gibt man doch nicht auf!*

Als würde uns der Abschied von der Sicherheit leichtfallen! Nein, es war nicht einfach, und unsere Herzen bluteten auch und zitterten manchmal ganz schön. Aber alle fünf hatten Ja zu diesem Abenteuer gesagt, wenngleich sich die Kinder nicht allzu viel darunter vorstellen konnten. Sie mussten sich von lieb gewonnenen Orten, Menschen und Gewohnheiten verabschieden. Kein Fußballverein mehr und kein Tanzen, keine Seen vor der Haustür, Minigolf, schnell mal quer über die Wiese zu den Spielkameraden.

Ja, vermutlich waren wir wahnsinnig, unser gemütliches Haus zu räumen. Wie lange hatten wir es gesucht, wie glücklich waren wir gewesen, mittendrin im fetten Oberbayern und gesegnet obendrein am Heiligen Berg in Andechs, dreißig Autominuten nach München Stadt und Land, alles beieinander, und fünf Seen vor der Haustür: Starnberger See, Ammersee, Wörthsee, Pilsensee, Weßlinger See – bei Föhn gesäumt von den Alpen, zum Greifen nah. Wohnen, wo andere Urlaub machen. Der riesige Garten, die netten Nachbarn. Wir hatten die Zäune abgebaut und teilten uns mit drei Familien einen tollen Spielplatz für die Kinder …

Gestern hatten wir die Schlüssel abgegeben. Wir waren schon öfter umgezogen, mussten uns mit der wachsenden Familie ja auch immer wieder vergrößern. Aber dieser Schlüssel kam uns nicht nur wie einer zu einer Wohnung vor. Er war wie ein Schlüssel zu einem Lebensabschnitt, den wir nun unwiderruflich verlassen würden. Diana und ich würden viele lieb gewonnene Gewohnheiten aufgeben und vor allem die Menschen, die für uns ein Stück Heimat geworden waren. In einem Wort: Sicherheit, psychisch und physisch.

»Es ist der völlig falsche Zeitpunkt«, hörten wir oft. Oder war es genau der richtige? Nach harten Jahren des Aufbaus hatte sich unser Yogastudio *Namasté* in Herrsching etabliert. Dessen Schlüssel hatten wir bereits abgegeben. Diana hatte zudem Schüsseln abgegeben, indem sie den Kunden ihres Catering Service *Karma Cooking* schonend beigebracht hatte, dass der Ofen nun bald aus wäre. Wochenlang hatten wir Aktenordner durchforstet, um uns aus bürokratischen Fängen zu befreien. Wir hatten Versicherungen, Mitgliedschaften, Abonnements gekündigt – was manchmal sehr schwierig war. Wir waren überrascht, wie viele Krakenarme uns umfingen; mit den Jahren waren sie meterlang gewachsen. Zu Beginn hatten wir geglaubt, wir bräuchten vielleicht einen Monat. Letztlich dauerte es mehrere Monate. Und immer wieder führten wir die gleichen Gespräche. Nicht wenige unserer Kunden waren schlichtweg sauer, weil sie lieb gewonnene Gewohnheiten verloren. Aber wir machten auch Platz – zum Beispiel an der Montessorischule. Wie hatten wir uns gefreut, als Lukas aufgenommen wurde, das war wie ein Sechser im Lotto, und auch für seinen Bruder hätten wir dieses Glück gehabt. Wir hatten den Tippschein zurückgegeben: Simon würde in wenigen Wochen kein Schulkind sein, sondern ins unbekannte Ausland reisen. Auch Lilly würde ihren geliebten Kindergarten gegen diesen Ort im Regenbogenland eintauschen.

Also, wenn es euch hier schlecht gehen würde, wenn ihr arbeitslos wärt oder eure Kinder Asthma hätten und salzige Seeluft zum freien Atmen bräuchten, wenn so was wäre … ja, dann könnten wir das verstehen. Nein, es ging uns nicht schlecht. Wir hatten alles. Wir machten das Gleiche wie alle anderen und kamen uns dabei super individuell vor. Genau das war das Problem. Denn um unseren hohen Lebensstandard zu halten, arbeiteten wir rund um die Uhr und hatten zu wenig Zeit. Kinder durch die Gegend kutschieren, zum Sport und Musikunterricht und zu ihren Freunden; Urlaub, wenn alle Urlaub machen, weil Ferien sind. Montessorischule und Yoga, vegan, kein Schneckenkorn im Salatbeet, ökologische Putzmittel, Feuertonne im Garten. Alles perfekt, tippi-toppi, wunderbar. Aber ganz ehrlich: In gewisser Weise funktionierten wir im vorgegebenen Takt. Wie hörte sich unser eigener Rhythmus an? Das wollten wir gern wieder hören.

Und davon wollen wir Ihnen in diesem Buch erzählen. Gleichzeitig möchten wir Sie einladen, öfter mal die Perspektive zu wechseln. Wenn Sie bis zu dieser Stelle gelesen haben, reisen Sie vielleicht mit. Das hoffen wir, denn sonst hätten Sie das Buch weggelegt, und wir wären einfach nur verrückte Spinner in Ihren Augen.

Wir haben es uns nicht leicht gemacht. Wir haben wochen- und monatelang diskutiert und nachgedacht, Pläne geschmiedet, verworfen … und kamen immer zum selben Schluss: Es wäre Wahnsinn zu bleiben …

… weil wir so viel wie möglich von unseren Kindern mitbekommen wollen.

… weil wir in Einklang mit der Natur leben wollen.

… weil wir unseren Kindern alternative Lebensformen zeigen möchten.

… weil wir frei von Angst leben wollen.

… weil wir unseren Kindern ein selbstbestimmtes Leben ermöglichen wollen.

… weil wir nachhaltig leben wollen.

… weil wir gesund sein möchten.

… weil wir in Frieden leben wollen.

… weil wir in Liebe leben möchten.

… weil wir keine Zäune und Grenzen wollen.

… weil wir mit anderen Menschen wirklich in Kontakt sein möchten.

… weil wir nach unseren Werten leben wollen.

… weil wir viel Zeit mit unseren Liebsten verbringen möchten.

… weil wir unser Leben bewusst gestalten wollen und nicht als Konsumenten.

Was brauchen wir wirklich?

… Als Erstes ein Auto!

My home is my bus

Ja, ja, von wegen Umweltschutz, und dann gleich ein Auto und noch dazu einen Diesel. Ganz schön doppelbödig. Den Einwand haben wir oft gehört. Deshalb möchte ich das auch gar nicht rechtfertigen und erklären, dass wir jetzt zu sechst nur noch dieses eine Auto anstatt früher zwei benutzten. Dass wir dafür kein Haus mehr beheizten und sich unser ökologischer Fußabdruck um mindestens eine Schuhgröße verkleinerte. Viel spannender finde ich die Frage, warum wir so oft mit solchen – in unseren Augen – Kleinigkeiten konfrontiert werden. Leute, die weit weniger umweltfreundlich leben, werfen uns gern vor, wir seien nicht konsequent. Ja, das stimmt. Wir könnten noch viel mehr tun. Zu Fuß gehen zum Beispiel. Aber wir sind auf einem guten Weg, auf dem wir uns nicht vergleichen oder messen wollen. Wir möchten einfach erzählen, wie es uns ergangen ist, als wir loszogen ins unbekannte Ausland. Damit wagten wir ja etwas, aber statt dass wir auf Neugier gestoßen wären – wir könnten im besten Sinne Pioniere sein, die etwas ausprobieren, aus dem andere sich später die Rosinen picken –, flogen uns die *Ja, abers* um die Ohren. Wollen wir einen Deal machen, liebe Leserin, lieber Leser? Lesen Sie »einfach« weiter und schreiben Sie uns am Ende des Buches Ihre Bedenken. Es könnte nämlich sein, dass sich manche davon unterwegs in Luft auflösen, wenn wir uns besser kennengelernt haben. Einmal abgesehen von der Notwendigkeit, dass wir alle den Energiegurt enger schnallen sollen, geht es auch darum, einen Traum zu leben.

Einige Wochen bevor wir uns auf der Gemeinde abmeldeten, hatten wir im Internet unser Traumauto gefunden. Sicher gibt es Wohnmobile mit Dusche und Toilette – Villen auf Rädern. Nur leider fahren sie nicht mit Ökostrom. Wobei ein Elektroauto letztlich auch keine Alternative ist, denkt man an die Umweltbelastung durch die Batterien. Der Mercedes Benz Vario 615 war im besten Alter und doch noch grün hinter den Spiegeln. 7 Meter lang, 3,10 Meter hoch, 4 Tonnen schwer. Für 20 000 Euro konnte man ihn in Berlin abholen.

»Kinder, wir machen einen Ausflug«, kündigte ich an.

Es war Liebe auf den ersten Blick. Aber auf den zweiten war er ein bisschen eng für zwei Erwachsene, drei Kinder und unseren Hund. Dschinn kann sich zwar prima einrollen, aber ein Schoßhund ist er nicht. Es gab einen klitzekleinen Hängeschrank, einen klitzekleinen Küchenschrank, eine klitzekleine Verstaubank, auf der mit viel Glück drei Kinderpopos Platz finden würden. Die Küche protzte mit einem Zwei-Flammen-Herd und einem Spülbecken. Das Schlafzimmer bestand aus zwei Stockbetten, wovon eins eher eine Höhle war, in die man hineinkrabbeln musste. »Ich, ich, ich!«, erscholl es aus allen Kinderkehlen. Hinten befand sich etwas Stauraum für Werkzeug. Stauraum für mich entdeckte ich auf dem Dach. Wir hatten einen Balkon, besser gesagt, eine Dachterrasse!

Oben auf dem Bus würden wir wunderbar zu fünft sitzen können.

Bei der Probefahrt stellten wir fest, dass dieses Gefährt eher ein Lkw war. Wir würden nie mehr gedankenlos in einen Tunnel fahren … und das war später auch gut so. Denn wäre nicht einer von uns manchmal ausgestiegen, dann wären wir stecken geblieben.

Nein, wir sind nicht ohne Emissionen ins unbekannte Ausland gereist. Ja, wir haben Sprit verbraucht. Ja, wir haben geatmet. Viel geatmet. Mussten oft tief durchatmen. Und es hat auch wehgetan, Freunde zu verlieren, die uns heftig attackierten. Dabei verlangten wir von keinem, es uns gleichzutun. Unsere Familien waren traurig über den Abschied, vor allem natürlich wegen der Kinder. Vielleicht haben manche auch deshalb so ablehnend reagiert, weil wir den Finger in eine Wunde gelegt haben, die auch bei ihnen blutete. Die Frage: Ist mein Leben im Großen und Ganzen so, wie ich es mir vorstelle, lebe ich selbstbestimmt?

Ja, wenn das jeder fragen würde!

Wunderbar! Das ist unsere Vision: Jeder Mensch steht verantwortungsvoll und ohne anderen zu schaden für das Gelingen seines Lebens ein.

»Viel Platz ist da nicht«, stellte Diana beim Besichtigungstermin unseres neuen Daheims auf Rädern fest.

»Aber die Dachterrasse«, sagte ich. »Und vor allem hat der Bus die gesetzlich vorgeschriebenen sechs Sitzplätze. Wenn Marie mit uns fährt, brauchen wir die.« In den Schulferien wollte meine Tochter im Teenageralter mit uns reisen.

»Das Innere muss man komplett umbauen«, sagte Diana. »Das wird eine Riesenbaustelle.«

»Vielleicht sollten wir erst mal losfahren und herausfinden, was genau wir brauchen.«

»Einen Schrank auf alle Fälle.«

»Ein Fenster ist wichtiger.«

»Papa, kann man ein Fenster ins Dach machen, damit wir den Himmel beim Schlafen sehen?«, fragte Lilly.

»Du bist ja doof. Beim Schlafen schläfst du doch!«, rief Simon.

»Das weiß ich schon. Aber wenn ich die Augen mal aufmache, kann ich die Sterne sehen, stimmt's, Papa? Gibt es im unbekannten Ausland Sterne?«

»Mehr, als du zählen kannst.«

»Und dann sind wir autoautark, Papa«, fügte Lukas ein Wort hinzu, das er neulich gehört hatte.

»Wir sind auf dem Weg dahin«, sagte ich.

»Und wann fahren wir los?«, wollte Lilly wissen.

»Wenn wir alles eingepackt haben.«

An dieser Stelle übernahm meine Frau Diana die Regie.

Das Glück im Faltbackofen

Jedes Kind hatte ein Zimmer, und jedes Kind hatte eigenes Spielzeug. Nicht so viel wie manche Nachbarskinder, doch mehr als genug. Jedes Kind durfte eine Kiste mit Spielsachen mitnehmen. Lukas fand das ungerecht, er war schließlich größer als Simon und Lilly. Wir waren später sehr beeindruckt, wie die Kinder ihre Siebensachen verwalteten. Denn natürlich sammelten sie auf unseren Reisen neue Gegenstände. Steine, Vogelfedern, Muscheln, Andenken … und dann waren die Kisten voll, und sie mussten etwas hergeben. Lange wurde überlegt, was und wem sie etwas schenken könnten oder ob sie es an irgendeinen Platz legen würden, damit jemand anders es finden und sich freuen könnte. Wie leicht sie sich damit taten, etwas zurückzulassen in dem Vertrauen, dass immer wieder etwas Neues nachkommen würde!

Auch Percy und ich hatten eine Kiste, beziehungsweise, wir hatten einen Schrank zusammen. Als Percys Klamotten darin verstaut waren, platzte er bereits aus allen Nähten. Zwei Taschen wollte er auch noch mitnehmen. Und die Gitarre.

Mein Mann ist nie um Argumente verlegen. »Ich brauche verschiedene Yogaklamotten. Ich kann mich nicht darauf verlassen, dass wir immer eine Waschmaschine greifbar haben. Und was ist, wenn ich dann unterrichte?«

»Schon mal was von Handwäsche gehört?«, fragte ich.

Keine Waschmaschine, keine Spülmaschine, kein Hochleistungsmixer. Nein, den konnte ich nicht zurücklassen, das brachte ich nicht übers Herz. Ich packte ihn in die Küchenkiste, auch wenn er 2000 Watt benötigt, die wir mit unserem Solarstrom im Auto nicht liefern konnten. In unserem Haus war meine Küche mein Reich gewesen. Ich bin mit Leib und Seele Köchin – und vor allem mit dem Herzen; seit Jahren nur noch vegan. Gesunde und »gute« Ernährung ist mir sehr wichtig. Ich bringe keinen Bissen runter, der aus Tierleid besteht, eine von vielen Gemeinsamkeiten mit Percy. Den Kindern schmeckt das vegane Essen, wenn sie jedoch bei Freunden sind und Lust auf etwas anderes haben, reden wir ihnen das nicht aus, und wir gehen auch mal in eine Pizzeria. Bei vier Kindern kann ich nur so gesund kochen, dass sie es auch mögen. Sonst essen sie woanders oder kaufen sich Süßigkeiten. Ich verzichte also nicht auf Zucker, der als Pflanze wächst, oder andere natürliche Süßungsmittel. Agavensirup oder Kokosblütenzucker wird ja auch nicht gemolken oder aus einem Tier geschabt.

Köchin also. Ich überlegte tagelang, welche Küchengeräte ich unterwegs unbedingt brauchte. Lediglich zwei Kochplatten standen mir im Auto zur Verfügung und – das war wirklich hart für mich – kein Backofen. Ich liebe es, zu backen! Schließlich lernte ich den Faltbackofen kennen. Er sieht aus wie ein Werksfehler mit seinen Löchern und Rissen, doch er funktioniert, und man schmeckt den Kuchen und Aufläufen nicht an, dass sie mobil gebacken wurden. Wo immer ich später einer Steckdose habhaft wurde, schloss ich meinen Mixer an und bereitete Smoothies oder Milchshakes zu.

Family Smoothie

2 Handvoll junger Spinat
1 cm frischer Ingwer, geschält
1 Orange, geschält
1 Scheibe Zitrone mit Schale (ungespritzt)
1 Apfel
3 Bananen, geschält
½ Avocado
ca. 1,3 l Wasser

Alle Zutaten waschen und mit dem Wasser in den Hochleistungsmixer geben. So lange auf höchster Stufe mixen, bis ein cremiger – für unseren Simon stückchenfreier – Smoothie entsteht. Eventuell kurz im Kühlschrank aufbewahren, vor dem Servieren noch mal mit einer Gabel umrühren.

Family Milkshake

3 Bananen, geschält
ca. 150 g TK-Beeren
3 Datteln ohne Stein
1 l Pflanzenmilch

Alle Zutaten im Hochleistungsmixer mischen und auf höchster Stufe zu einem cremigen Milchshake vermischen. Durch die Tiefkühlbeeren entsteht eine etwas festere Konsistenz.
Wenn die Bananen schon sehr reif sind, kann man auf die Datteln verzichten.

Das Leben ohne unbegrenzten Zugang zu Strom ist gewöhnungsbedürftig. Habe ich früher jemals nach Steckdosen gesucht? Nie! Heute schaue ich als Erstes danach. Das unbekannte Ausland hat mir unsere Abhängigkeit von Elektrizität sehr bewusst gemacht. Viele Jahre habe ich keinen Gedanken daran verschwendet. Strom war einfach immer da, wie Wasser und eine Kloschüssel.

Das volle Programm

Percy und ich wünschten uns seit Langem mehr Familienzeit. Es gab Tage, an denen wir uns nur zwischen Tür und Angel sahen, um die Kinder zu übergeben. Aber wir hatten keine Zeit, darüber nachzudenken. Wir wollten am Wachsen und Gedeihen unserer Kinder intensiv teilhaben, so viele Stunden wie möglich mit ihnen verbringen, mit Spielen, Quatschen, Blödsinnmachen. Ausflüge, gemeinsam lernen, die Natur erkunden. Der Alltag ließ uns wenig Raum dafür. Es war bei uns wie bei allen anderen: Morgens wurden die Kinder verräumt – Kindergarten und Schule –, nachmittags hatten sie Termine – Sport, Musik, Freunde; Mama chauffiert. Das Abendessen nahmen wir oft ohne Percy ein, da er unterrichtete – um diese Uhrzeit vor allem berufstätige Mamas und Papas, die ihre Kinder ihrem Partner zwischen Tür und Angel übergeben hatten, um noch ein kleines Stück vom Tag, diesen einen Termin der Woche, für sich zu genießen – »meine« Yogastunde. Erst wenn die Kinder schliefen, konnte ich mich jenen Arbeiten widmen, die viel Konzentration benötigen – Planungen für meine Firma *Karma Cooking* oder die Festivals, die wir organisieren, Steuer. Kurz: Alles völlig normal. Da braucht man sich doch nicht aufzuregen. Das ist eben so. Und jetzt weiter im Programm.

Wer schreibt dieses Programm eigentlich?

Und was passiert, wenn wir unser eigenes erfinden?

Gibt es eine Möglichkeit, das, was wir wirklich brauchen, zu bekommen, ohne uns abermals in angebliche Umstände und Notwendigkeiten zu verwickeln?

Wir brauchen Wasser, Essen, Wärme. Strom bitte auch. Ist das ein Grundrecht?

Lebten wir nicht in gewisser Weise in einem goldenen Käfig? Und war es nicht total verboten, so was zu denken, weil es uns doch so wahnsinnig gut ging?

Komfort kündigen

Immer öfter ertappte ich mich dabei, darüber nachzudenken, wie die Kinder in meiner Umgebung lebten. Wir wohnten sozusagen im Speckgürtel Münchens; viele Familien in Eigenheimen, vor denen zwei, drei Autos standen, häufig ein SUV. In den Gärten, auch in unserem, standen Trampolins, es gab im Viertel Zierkugeln, Gartenmöbel aus Tropenhölzern, Außenküchen, bombastische Grillstationen. Geld zu haben gehörte zum guten Ton in dieser Gegend. Die hervorragend ausgebildeten Frauen hatten in der Regel ihren Beruf aufgegeben oder übten ihn reduziert aus. Ihre Vormittagsfreizeit, wenn die Kinder betreut wurden, nutzten sie unter anderem für Yoga, das kam unserem Studio zugute. Ich unterrichtete Schwangerenyoga.

Wir hatten unser Haus »nur« gemietet, und auch sonst fielen wir ein bisschen aus dem Rahmen, aber solange es keine Probleme mit den Nachbarn gab, hatten sich alle lieb, weil das irgendwie jetzt modern ist. Das Haus hatte sechs Zimmer – ideal, weil Percys Tochter Marie oft bei uns war. Wir brauchten den Platz. Und zwei Autos, natürlich. Und die Handys, Computer, Klamotten, Bücher, CDs, das Küchen- und Yogazeug, alles, was man scheinbar unbedingt braucht. Im Vergleich zu den meisten unserer Nachbarn hatten wir wenig. Zum Beispiel keinen Fernseher, keine Fußballtrikots vom FC Bayern. Darunter litten die Kinder manchmal. Aber 140 Euro für ein Kunststoffoberteil? Bloß weil da ein Name und eine Zahl draufstehen? Wir hätten es uns leisten können, aber ich brachte es nicht übers Herz, es fühlte sich falsch an. Überhaupt, dass es in unserer reichen Gegend unglaublich wichtig war, welche Labels die Kinder trugen. Ein Fahrrad war nichts wert, wenn es von der falschen Marke stammte, nichts war was wert, *no name* war gleichbedeutend mit schlecht, blöd, Außenseiter. Wer will das seinen Kindern antun? Also muss man immer mehr arbeiten, damit man den Kindern kaufen kann, was sie brauchen, um integriert zu sein. Man selbst sieht seine Kinder selten oder ist ständig so abgehetzt, dass man sie eigentlich nur noch vor die Glotze setzen möchte, man hat auch ein schlechtes Gewissen, aber immerhin tragen sie die Labels, auf die es ankommt. Ich begann immer mehr zu hinterfragen. In vielen Gesprächen mit anderen Müttern merkte ich, dass wir alle die gleichen Nöte hatten, doch ich bezweifelte so manches Mal, ob wir unsere Kinder überhaupt noch hörten in dieser Raserei. Gab es eine Alternative, anstatt ihre immer neuen Bedürfnisse zu stillen … und wer weckte die überhaupt? Wo begann dieser Teufelskreis?

Als wir später unterwegs waren, hat mich dieser Automatismus sehr fasziniert. Wir waren zwei, drei Wochen an einem Strand, an dem es nichts zu kaufen gab, oder irgendwo in der

Pampa, die Kinder spielten mit Steinen und Sand, wir sammelten Muscheln oder sangen, wir rechneten Fahrstrecken aus und schnibbelten gemeinsam Gemüse. Kein Kind kam auf die Idee, etwas kaufen zu wollen. Doch kaum befanden wir uns in einem Supermarkt, kaum sahen sie Dinge, wollten sie die unbedingt haben. Die Welt würde untergehen, wenn sie das nicht bekamen. Nie mehr würden sie glücklich sein.

»Mama, alle haben das! Nur ich nicht!«

So beginnt das Spiel, das alle Eltern kennen, das einen spätestens dann einknicken lässt, wenn sich das Kind schreiend vor der Supermarktkasse wälzt und alle einen böse anschauen. Ich würde das meistens aushalten, aber schön ist es natürlich nicht. Das neue Ding ist für kurze Zeit interessant, und dann wird es vergessen, wie es auch bei uns Großen ist. Gewiss vereinfache ich – doch das machen wir ja immer, wenn wir Argumente sammeln für eine Veränderung.

Einmal hörte ich im Radio das Porträt eines Fußballtrainers. Mehrfach wurde hervorgehoben, dass er auf dem Gipfel seiner Karriere, als er mit seiner Mannschaft alles gewonnen hatte, zurücktrat. Percy und ich hatten irgendwie auch alles gewonnen. Viele unserer Träume hatten sich erfüllt. Doch erfüllte Träume laufen Gefahr zu erstarren. An diesem Punkt waren wir. Wir traten als Fußballtrainer zurück, nicht weil wir mussten, sondern weil wir etwas verändern wollten, bewusst und freiwillig. Und zwar nicht erst, wenn die Kinder größer wären, wie wir es manchmal sagten: Wenn sie mal aus dem Haus sind.

Ich bin als junge Frau sehr viel gereist. Wie oft habe ich es als Mutter bedauert, nur noch in den Ferien unterwegs sein zu können. Aber so war das eben. *Jetzt lass uns erst mal die Kinder groß kriegen, und dann sehen wir, was wir als Paar noch unternehmen.* Warum so lange warten? Wir waren schon unterwegs, da las ich meiner Tochter einmal eine beeindruckende Fabel aus einem Kinderbuch vor. *Der kluge Fischer* stammt aus der

Feder des Nobelpreisträgers Heinrich Böll, und der Illustrator Émile Bravo hat sie in Szene gesetzt: In einem kleinen Hafen macht ein Fischer morgens seine Siesta. Ein Tourist weckt ihn durch das Klicken seines Fotoapparats und fragt, warum er nicht aufs Meer fahre. Der Fischer antwortet, er sei schon draußen gewesen. Warum er nicht noch einmal hinausfahre, fragt der Tourist. Mit der größeren Ausbeute könne er Schiffe und eine Fischfabrik kaufen. Am Ende wäre er so reich, dass er nicht mehr arbeiten bräuchte und morgens in der Sonne sitzen könnte. Darauf erwidert der Fischer: »Aber das mache ich doch gerade, nur das Klicken des Fotoapparats hat mich gestört.« Und so, wie ich diese wunderschöne Fabel für unseren Aufbruch in einem Kinderbuch fand, kam auch der erste Impuls zu dieser großen Veränderung von einem unserer Kinder. Denn unser Sohn Lukas wollte eines Tages nicht mehr in die Schule gehen.

Nie mehr Schule

Eigentlich begann alles schon 2015. Ein Jahr bevor wir unsere Zelte am Ammersee abbrachen, wollte Lukas nicht mehr zur Schule gehen. Im ersten Schuljahr hatte es ihm noch gut gefallen, vor allem auch weil er sich im Kindergarten gelangweilt und als Schulkind einen deutlichen Vorsprung vor seinen Geschwistern hatte. Er war der Große. Das wurde ihm zudem von allen ständig vor Augen gehalten. Irgendwann war mir das mal aufgefallen, und ich hatte aufgehört, einen solchen Hype darum zu machen. Mein Sohn kam in die Schule – schön, aber musste man das so dermaßen aufbauschen? Überall wurde ihm gesagt: Jetzt bist du dann schon richtig groß. Ui, du kommst in die Schule.

Was für ein Tamtam – aber natürlich hatte er nichts dagegen. Es gab ja Geschenke von den Omas und Opas und Freunden, als hätte er Geburtstag. Und in was für eine tolle Schule er da kam, wie gesagt, in die Sechser-im-Lotto-Schule. Drei Jahre vor unserem Aufbruch hatte ich einen Vortrag zum Thema Ernährung für die Kinder an der Montessorischule gehalten. Es war ein herrlicher Sommernachmittag, ich stand in der Aula, da ertönte ein Gong. Plötzlich wurden Türen aufgerissen, und von draußen strömten große und kleine Kinder herein, rannten mich fast über den Haufen.

»Wieso hast du es so eilig?«, fragte ich einen Zehnjährigen, der sich noch schnell das letzte Stück seines Brotes in den Mund schob.

»Der Unterricht geht weiter.«

»Am Nachmittag?«

»Da ist es am tollsten!« Und weg war er.

Völlig perplex blieb ich allein in der Aula zurück. So ging

Schule also auch! Zu meiner Zeit sah Schule total anders aus. Lukas würde ein rundum glückliches Schulkind werden … hatten wir geglaubt.

Man kann viel planen im Leben. Bis man Kinder hat – und dann wird schon ein einfacher Spaziergang zur Herausforderung. Drei Kinder – angezogen für den Schneeausflug stehen sie im Flur, Schuhe, Schneeanzüge, Mützen, Schals, da meldet das erste: »Mama, ich muss jetzt aber vielleicht noch aufs Klo.« Und kaum steht es wieder bei den Geschwistern, fällt es dem zweiten ein. Das dritte muss dann auch, und das erste hat sich wieder ausgezogen, weil es schwitzt. »Mama, in meinen Pullover regnet es rein von innen.« Während das zweite Durst hat und so weiter. Business as usual.

Im zweiten Schuljahr wollte Lukas immer öfter nicht zum Unterricht. Anfangs konnten wir ihn noch motivieren. Doch er fing immer wieder davon an. »Da lerne ich nichts Wichtiges.«

»So ein Quatsch. Das ist eine ganz tolle Schule. Vielleicht solltest du mal auf eine normale Schule gehen? Damit du merkst, wie schön es auf deiner Montessorischule ist.«

»Ich will da aber nicht mehr hin.«

Lukas' Aversion steigerte sich von Woche zu Woche. Fast jeden Morgen rangen wir um den Schulbesuch. Ich selbst fand mich in einer Rolle, die ich zutiefst ablehne, als eine Art Drill Instructor – schrecklich! Ich wusste nicht, wie ich meinem Sohn die Schule schmackhaft machen sollte. In meiner Kindheit war Schulverweigerung nicht vorgekommen, weder bei mir noch bei Klassenkameraden. Und so haben Percy und ich zuerst auch reagiert wie alle Eltern. Wir erklärten Lukas, dass jedes Kind in die Schule gehen muss, und Punkt. Unser Sohn kam mit immer neuen Argumenten, und manchmal staunten wir. So erzählte er uns, was er gelernt hatte, und fragte dann: »Ist es das, was die Menschen in der Zukunft brauchen? Mama, in der Schule erfahre ich nichts von dem, was ich wissen muss.«

Greta Thunberg war damals noch kein Begriff – ich glaube, wenn sie drei Jahre früher aufgetaucht wäre, hätte Lukas mit ihr argumentiert. Und was hätten wir dann gesagt?

Ich habe in meiner Schulzeit auch unglaublich viel Unwichtiges gelernt, fast nur Unwichtiges, will mir scheinen. Bodenschätze im Kongo? Beziehungsweise, als ich die lernte, wusste noch keiner, wie wichtig sie mal werden würden, weil im Kongo sehr viel Coltan abgebaut wird, ohne das Smartphones nicht funktionieren. Das weiß ich aber nicht, weil ich mich an die Schule erinnere, sondern weil ich mich dafür interessiert habe. Wir lernen nur aus Interesse. Und das wurde in der Montessorischule geweckt! Es wollte mir nicht in den Kopf, dass mein Sohn sie so wenig schätzte. Er hatte keinen langweiligen Frontalunterricht. Schon die Kleinen bekamen Projekte anvertraut, durften experimentieren, sich in Themen vertiefen, anstatt im Stundentakt Wissen eingebläut zu bekommen.

Abends beim Einschlafen graute mir vor dem nächsten Morgen, und ich überlegte mir neue Strategien. Es endete oft damit, dass Lukas den Schulbus verpasste und ich ihn entweder krankmeldete, was mir extrem unangenehm war, da ich Lügen vermeiden möchte, oder ihn zur Schule fuhr – unter Protest.

Es war entsetzlich. Der kleine Kerl sträubte sich mit Händen und Füßen. Ich befand mich in einem Dilemma. Gewaltfreiheit hat absolute Priorität in meinem Leben. Doch tat ich ihm mit diesem Zwang zum Schulbesuch nicht auch Gewalt an? Wo verlief die Grenze zwischen gesundem Lernen – man muss sich auch anpassen, Frustrationen ertragen, Impulskontrolle – und Willen brechen?

»Wie kannst du dir bloß so auf der Nase herumtanzen lassen?«, fragte mein Onkel. »Das ist doch ganz einfach. Wenn er nicht in die Schule geht, kriegt er nichts zu essen. Da wirst du mal sehen, wie schnell er spurt.«

Ich bedankte mich für den Tipp und sagte meinem Onkel, dass ich mein Kind nicht zum Spuren motivieren, sondern es dabei unterstützen möchte, ein zufriedener Mensch zu werden, der seinen Platz im Leben in Gemeinschaft mit anderen Menschen findet – und das Glück.

»Ihr habt alle zu hohe Ansprüche«, sagte mein Onkel.

Tatsächlich? Hatten wir die, wenn wir das Glück unserer Kinder aus ihrer Perspektive im Blick behalten, sie in kein strenges Leistungskorsett zwängen wollten? Wenn wir ihnen den Raum eröffnen wollten, das Leben, ihr eigenes Leben, zu entdecken? Wenn wir an ihre Fähigkeiten glaubten, die sie in ihrem eigenen Rhythmus entfalten?

Hausaufgaben

Sogar die Hausaufgaben, für die Lukas nicht mal in die Schule musste, stellten ein Problem dar, vor allem für mich. Auch hier verwandelte ich mich von einer liebevollen, geduldigen, gelassenen Mutter in einen ungehaltenen, nervösen, pädagogisch verheerenden Drill Instructor. Ich konnte mich selbst nicht mehr ausstehen, und je mehr ich auf den Hausaufgaben beharrte, desto seltener machte Lukas sie. Percy blieb locker und lobte den starken Willen unseres Sohnes. Hatte er damit recht?

»Wenn Sie mich fragen«, hörte ich von einer ehemaligen Schuldirektorin, »sollten Hausaufgaben verboten werden. Letztlich sind sie ein Beleg dafür, dass die Lehrkräfte ihren Stoff nicht durchbringen. Es ist ohnehin viel zu viel Stoff, und der wird noch dazu gegen jede Vernunft und Biologie in die Kinder hineingepresst. Es wäre klüger, mehr auf die Bedürfnisse der Kinder zu achten, dann hätten wir deutlich weniger Schulprobleme.«

Nachdem Percy und ich uns oft gefragt hatten, was wir in der Vergangenheit falsch gemacht hatten, begannen wir uns eines Tages zu fragen, was wir jetzt falsch machten. Was konnten wir tun, um die Situation zu befrieden? Wenn wir mal alle Erwartungen außen vor ließen, war es eine Tatsache, dass wir unserem Sohn nicht wirklich zuhörten. Der kleine Kerl stellte sich vor uns hin und sagte klar und deutlich, dass er nicht zur Schule gehen wollte. Wir antworteten: »Du musst aber.« In der Folge wurde er öfter krank. Schnupfen, Husten, Halsweh, Fieber, Bauchweh. Alles in ihm sträubte sich gegen die Schule, es war ihm auch zu laut dort und zu unruhig. Viele Gespräche mit Lehrerinnen, Psychologinnen, Pädagogen führten zu keiner Lösung. Nichts half, nicht mal die Staatsmacht. »Wer nicht in die Schule geht, wird von der Polizei geholt«, drohte ich ihm.

»Super, in einem Polizeiauto wollte ich schon immer mal fahren.«

Percy lachte, als ich diese Antwort zitierte. Er hat die Gabe, stets das Positive zu sehen. Das schätze ich sehr, doch manchmal nervte es mich auch ein bisschen, dass seine Medaille oft nur eine Seite hatte. Aber natürlich war ich ebenfalls stolz auf Lukas' Schlagfertigkeit. Bloß half uns das nicht weiter. Vielleicht sollten wir Lukas eine Weile von der Schule nehmen? Ich kannte zwei Mütter, die ihre Kinder für einige Wochen vom Unterricht hatten befreien lassen; in einem Fall, um nach Neuseeland zum Vater des Kindes zu reisen. Doch wenn Lukas sich an die schulfreie Zeit gewöhnte? Nicht in die Schule zu gehen war keine Lösung.

So machte ich nun meine Hausaufgaben. Nächtelang suchte ich im Internet nach Alternativen. Wie gingen andere Eltern mit Schulverweigerern um? Schließlich stieß ich auf alternative Schulkonzepte wie Freilerner. In zahlreichen Ländern, auch bei unseren Nachbarn in Österreich, ist es möglich, Kinder zu Hause zu unterrichten. Einen guten Ruf hat auch die Clonlara-Fernschule in den USA. Es tat mir gut, dass wir nicht die einzigen Eltern waren, die sich mit diesem Problem herumschlugen und sich solche Fragen stellten. Im Netz fand ich Gleichgesinnte, die mit dem deutschen Schulsystem nicht einverstanden waren und Alternativen forderten.

Simon, der sich eigentlich auf die Schule gefreut hatte, sagte nun auch schon manches Mal Sätze, die darauf schließen ließen, dass er seinem großen Bruder nacheifern wollte. Wie sollten wir den Kindern erklären, dass eines in die Schule gehen musste und das andere nicht? Und gab es da überhaupt etwas zu erklären? Schließlich besteht in Deutschland eine Schulpflicht.

https://www.bpb.de/gesellschaft/bildung/zukunft-bildung/185878/geschichte-der-allgemeinen-schulpflicht

Erst in den Beratungen der Weimarer Verfassung und im Grundschulgesetz wurden seit 1919 die neuen und bis heute unveränderten Vorgaben formuliert und anstelle der Unterrichtspflicht für ganz Deutschland erstmals die Schulpflicht gesetzt. In Art. 145 der Verfassung von 1919 heißt es: »Es besteht allgemeine Schulpflicht. Ihrer Erfüllung dient grundsätzlich die Volksschule mit mindestens acht Schuljahren und die anschließende Fortbildungsschule bis zum vollendeten achtzehnten Lebensjahre.« Ähnliche Formulierungen zur Schulpflicht finden sich noch heute in allen Schulgesetzen der Bundesländer. Gemeinsam mit dem Prinzip, dass die Grundschulzeit in der Regel in den Schulen des Wohnbezirks erfüllt werden musste, waren alle Freiheiten der sozialen Milieus zunächst beseitigt.

Aktuell ist diese Vorgabe von 1919 nicht unumstritten, so wenig wie ihre klassische Begründung. In einem Urteil des Bundesverfassungsgerichts von 2006 wird – anlässlich einer Klage hessischer Eltern, die unter Berufung auf Religionsfreiheit, Elternrecht und den besonderen Schutz der Familie den Besuch der öffentlichen Schule für ihre Kinder verweigert hatten – die Schulpflicht heute mit einer auch schultheoretisch beachtlichen Begründung neu verteidigt.

»Die allgemeine Schulpflicht«, so zunächst das bekannte Argument, »dient (…) der Durchsetzung des staatlichen Erziehungsauftrags. Dieser Auftrag richtet sich (…) auch auf die Heranbildung verantwortlicher Staatsbürger.« Das Bundesverfassungsgericht nimmt – schultheoretisch plausibel – an, dass dafür Schulen »effektiver« seien, weil hier »Kontakte mit der Gesellschaft und den in ihr vertretenen unterschiedlichen Auffassungen nicht nur gelegentlich stattfinden, sondern Teil einer mit dem regelmäßigen Schulbesuch verbundenen Alltagserfahrung sind«. Hinzu kommt heute aber: »Die Allgemeinheit hat ein berechtigtes Interesse daran, der Entstehung von religiös oder weltanschaulich motivierten ›Parallelgesellschaften‹ entgegenzuwirken und Minderheiten zu integrieren. Integration setzt dabei nicht nur voraus, dass die Mehrheit der Bevölkerung religiöse oder weltanschauliche Minderheiten nicht ausgrenzt; sie verlangt auch, dass diese sich selbst nicht abgrenzen und sich einem Dialog mit Andersdenkenden und -gläubigen nicht verschließen (…). Dies im Sinne gelebter Toleranz einzuüben und zu praktizieren, ist eine wichtige Aufgabe der öffentlichen Schule.« Deshalb sei »die mit dem Besuch der Schule verbundene Konfrontation ihrer Kinder mit den Auffassungen und Wertvorstellungen einer überwiegend säkular geprägten pluralistischen Gesellschaft trotz des Widerspruchs zu ihren eigenen religiösen Überzeugungen grundsätzlich zuzumuten«. Mit dieser Begründung ist zwar nicht die Privatschule, aber doch das Homeschooling ausgeschlossen.

Schulpflicht ist ein Wort wie Krankenkasse oder Girokonto. Man benutzt es oft, denkt aber nicht darüber nach. Was sich bei mir änderte. Ich finde die Schulpflicht im Großen und Ganzen nach wie vor richtig und wichtig. Es gibt leider auch in unserem reichen Land viel zu viele verwahrloste Kinder, für die Schule eine Rettung sein kann, weil ihr Leid dann sichtbar wird. Doch ich bin der Meinung, dass es Alternativen zur Schulpflicht geben muss, dass Menschen, die etwas anderes ausprobieren wollen, nicht kriminalisiert werden dürfen. Und ganz so erfolgreich ist die Schulpflicht auch nicht. In Deutschland können rund 6,2 Millionen Erwachsene nicht oder nur eingeschränkt lesen. Wie viel trägt die Schulpflicht zu wirklichem Lernen bei? Oder sprechen wir nicht eher von einer Schulgebäudeanwesenheitspflicht? Schulpflicht und Bildungspflicht ergänzen sich nicht unbedingt. In vielen langen Gesprächen mit Percy und anderen, nach vielen Büchern und Überlegungen und Bedenken und Ängsten und Hoffnungen beschlossen wir, Lukas von der Schule zu befreien. Und wenn er schon mal draußen war, konnten wir uns auch selbst gleich mitbefreien. Wo würden die Kinder mehr lernen als unterwegs in der Schule des Lebens?

Zweite Etappe

Aufbruch ins Abenteuer

Die Choreografie des Reisens

Wir fuhren los, als würden wir in den Urlaub aufbrechen. Gewiss, wir hatten sehr viel Gepäck an Bord, aber das hatten andere auch mit ihren Surfbrettern, Fahrrädern, Ferienaccessoires. Schon bei der ersten Pause an einer Raststätte waren wir umzingelt von Familien, die aussahen, als hätten sie das Gleiche im Sinn wie wir. Schließlich war Ferienzeit.

»Und, wo geht die Reise hin?«, fragte mich ein Familienvater bei *Sanifair*.

»Wir bleiben, wo es uns gefällt.«

»Oh, das wird schwierig«, meinte er. »Jetzt sind alle Campingplätze voll.«

»Auf Campingplätze wollen wir ohnehin nicht.«

»Aber das ist verboten!«

»Wir werden schon ein Plätzchen finden.«

»Kann teuer werden.«

»Schöne Reise noch.«

Warum ist wild campen fast überall verboten? Weil die Leute nicht achtsam mit den Plätzen umgehen und Müll hinterlassen. Das würden wir auf keinen Fall tun. Deshalb hatte ich auch einen Klappspaten besorgt, unsere Außentoilette sozusagen. Als Innentoilette diente eine Vorrichtung, die ich in einem Boote-Zubehörladen gefunden hatte. Bei den Kindern musste es oft schnell gehen. Der Klappstuhl mit Klobrille war im Nullkommanichts aufgebaut, an der Brille ist eine Tüte befestigt – eine Art Plumpsklo, das uns vor allem in Städten gute Dienste leisten sollte.

Genau genommen hatten wir übrigens doch ein Ziel. In zehn Tagen war ich in Bordeaux als Yogalehrer für eine Veranstaltung gebucht. Idealerweise würden wir unser neues Leben zum Teil mit solchen Events finanzieren, damit das Ersparte länger vorhielt. Außerdem bildete ich weiterhin Yogalehrer aus, dafür würde ich allerdings hin und wieder nach Deutschland fliegen müssen.

Einen kleinen Beitrag zur Haushaltskasse lieferten auch Dianas Buch *Karma Cooking* und meine beiden Bücher für Yoga zu Wasser und zu Lande, *Yoga unlimited* und *Stand Up Paddling Yoga*.

Wie zu erwarten, waren wir später aufgebrochen als erhofft und kamen erst mit dem Feierabendverkehr in Lindau an. Mit drei hungrigen Kindern, die das auch lautstark äußerten, kurvte ich durch die engen Straßen. Nirgends ein Parkplatz für unser Sieben-Meter-Haus in Sicht. Auf der Insel Mainau, wo es uns gut gefallen hätte, war Übernachten auf Parkplätzen strengstens untersagt, also sparten wir uns die Fähre.

Die Kinder wurden zunehmend quengelig. »Mama, ich hab Hunger!« Sie stritten, und auch unsere Urlaubslaune geriet ein wenig in Unterzucker.

»Wenn wir jetzt nichts essen, eskaliert es«, sagte Diana. So steuerte ich einen Media-Markt-Parkplatz an, und wir machten Brotzeit, während andere um uns herum Kisten mit Fernsehern und Computern einluden.

Gefühlt jeder Dritte rief uns zu: »Mit so 'nem Auto hätte ich keine Verstauprobleme.«

O doch, hätte er. In unserem Bus war es so eng, dass wir innerhalb der nächsten Tage für verschiedene Aktivitäten Choreografien im Millimeterbereich austüftelten.

Unsere erste Nacht im neuen Leben sollte eine besonders schöne werden. So kurvte ich wieder durch Lindau, diesmal im Flanierverkehr. Abermals landeten wir auf einem Parkplatz, diesmal aber direkt am Bodensee. Die Kinder waren so müde, dass sie ohne Widerspruch Zähne putzten. Diana und ich woll-

ten den lauen Sommerabend draußen noch ein wenig genießen, doch beim Vorlesen einer Gutenachtgeschichte schliefen
wir beide ein.

Ich wachte auf von Klopfen, und es dauerte eine Weile, bis ich
begriff, wo ich mich befand. Vor dem Bus stand ein Unifor-
mierter. Polizei? Nein, es war der Parkplatzwächter. »Ab sieben
Uhr morgens vier fuffzig pro Stunde, bitte schön.« Er wedelte
mit einer Quittung.

»Wir fahren gleich weg«, sagte ich und reichte ihm einen
Fünfeuroschein.

Und dann stieg ich meiner Familie aufs Dach und machte
ein paar Yogaübungen. Ich grüßte die Sonne und hörte durch
die geöffneten Fenster die Stimmen der Kinder. Ich schaukelte
den Bus, sie quietschten, dann sprangen sie schon über den
Parkplatz, er war von der Straße durch einen Zaun abgetrennt,
keine Gefahr.

Diana wurschtelte in der Küche herum, Geschirr klap-
perte … es war wie zu Hause. Nein, es war zu Hause.

»Diana, geht's dir so gut wie mir?«, rief ich vom Dach he-
runter.

Geparkte Pfannkuchen

»Ja«, antwortete ich Percy. »Ich mach jetzt mal Frühstück.«
»Ich liebe dich!«

Natürlich. Liebe geht durch den Magen. Ich war ein bisschen aufgeregt, weil ich zum ersten Mal auf dem Weg ins unbekannte Ausland kochen würde, was hieß hier kochen, ich
dachte an Pancakes, ganz einfach.

Pancakes

Zutaten für 4 Personen
210 g Mehl (Vollkorn, Dinkel, Buchweizen nach Geschmack)
1–2 EL Zucker bzw. Zuckeraustausch (wenn man denn mal
Strom hat: 3 bis 4 Datteln mit der Milch im Hochleistungsmixer mischen)
3 EL Backpulver
¼ TL Salz
330 ml Sojamilch oder andere Pflanzenmilch
3 EL neutrales Öl
Agavensirup, Marmeladen, Schokoaufstrich

In einer kleinen Schüssel alle trockenen Zutaten mit einem
Schneebesen mischen. In einem hohen Gefäß mit dem Hand-
rührgerät die Sojamilch zusammen mit dem Öl kräftig verrüh-
ren, bis sie schaumig ist. Nun die Mehlmischung und den
Milchmix mit dem Handrührer gründlich vermischen, 10 Mi-
nuten stehen lassen.
Die Pfanne auf mittlerer Stufe erhitzen, bei Bedarf dünn mit
Fett ausstreichen. Mit einem Soßenlöffel kleine Pancake-Krei-
se in der Pfanne verteilen. Sobald sich an der Oberfläche
Löchlein bilden, die Pancakes mit einem Pfannenwender dre-
hen und noch kurz auf der anderen Seite hellbraun backen.
Frisch aus der Pfanne servieren, sehr lecker mit Ahornsirup,
Marmelade, Schokoaufstrich und: Liebe!

Wie oft hatte ich in meinem Leben schon draußen oder unter
erschwerten Bedingungen gekocht und auch Pancakes gebacken – ein Lieblingsgericht der Kinder. Heute kam es mir vor
wie das allererste Mal. Alles war anders. Ich hatte keine zwei
Schüsseln zur Hand wie gewöhnlich, sondern eine, in der ich
alles mischte. Es war auch nicht möglich, locker nebenbei Ka-

kao zuzubereiten, da der Topf keinen Platz auf dem Zwei-Platten-Gasherd fand, wenn die Pfanne draufstand. Ich würde völlig anders vorgehen als zu Hause. Gerade beim Kochen kommt es auf die Reihenfolge an, den richtigen Zeitpunkt. Und ich würde sehr, sehr ordentlich sein müssen bei so wenig Arbeitsfläche. Ich hielt das Feuerzeug an den Herd, knipste, nichts. Ich versuchte es weitere Male – nichts. Ich klopfte mit einem Messer gegen die runden Deckel, nichts.

»Percy!«

»Brauchst du Hilfe?« Er hörte es gleich an meiner Stimme.

»Der Herd geht nicht!«

Schon stand er neben mir. Dschinn, unser Hund, auch. Und Simon.

»Mama, wann gibt's was zu essen?«

»Raus! Alle miteinander!«

»Ich auch?«, fragte Percy.

»Sobald der Herd funktioniert.«

Er funktionierte aber nicht.

»Mama, ich hab wirklich großen Hunger.« Das war Lilly.

»Mama, was gibt's zum Frühstück?«, fragte Lukas zum zehnten Mal.

»Verlorene Pfannkuchen.«

»Mama, ich brauch aber einen gefundenen Pfannkuchen«, erklärte Lilly mit Nachdruck. »Dringend.«

»Das werde ich wohl noch hinkriegen«, meinte Percy.

Doch er schaffte es nicht. Da fiel mir mein Vater ein. Ich war acht oder neun Jahre alt, als unser damaliges Auto zuweilen besondere Aufmerksamkeit benötigte: beherzt auf den Anlasser schlagen. Und genauso wie unser Auto damals angesprungen war, sprang der Herd auch an.

»Hallo!« Wir fuhren herum. Ein Mann in Uniform stand vor der Tür. »Es wär jetzt drei nach acht.«

Percy kramte in seiner Hosentasche und reichte dem Mann einen Fünfeuroschein. »Passt so.« Dann fragte er mich:

»Sind wir in einer Stunde fertig?«

»Kein Problem, jetzt, wo der Herd geht.«

»Ich helf dir«, sagte er.

»Magst du Obst waschen?«

»Klar.«

Percy nahm einen Apfel zur Hand und drehte am Wasserhahn. Ein Röcheln ertönte.

»O nein!«, rief ich.

»Nicht schlimm«, sagte Percy. »Mein Fehler. Ich hab vergessen, den Wasserkanistertank zu befüllen. Wir haben gestern Abend wohl alles verbraucht.«

»Mama, wir können Wasser vom See holen!«, schlug Simon von draußen vor.

»Gut gedacht«, lobte ich ihn. »Aber aus dem Hafenbecken können wir kein Trinkwasser schöpfen.«

»Kinder, wir suchen Wasser!«, verwandelte Percy die Dürre in ein Abenteuer.

Zwei Minuten später kam Lukas freudestrahlend zurück: Er hatte Wasser gefunden. Percy schnappte sich einen Kanister und folgte ihm. Kurz darauf kam er zurück. »Es ist ein Trinkbrunnen. Ich hab alles versucht mit Kippen, Drehen – keine Chance.«

Ein wenig niedergeschlagen stand ich eine halbe Stunde später mit einem Sechserpack Wasser in Plastikflaschen an einer Supermarktkasse. So hatte ich mir das nicht vorgestellt. Beim Zurückkommen sah ich gerade noch, wie Percy dem Parkplatzwächter den dritten Fünfer des Tages zusteckte. Es war ja auch schon nach neun. Lindau war ein teures Pflaster; für das Geld hätten wir fast schon frühstücken gehen können. Doch dann klappte es doch noch. Pancakes, Obst, Kakao – zum ersten Mal saßen wir zum Frühstück auf unserer Dachterrasse, Blick über den Bodensee. Der Parkwächter rief im Vorbeigehen grinsend: »Die nächste Stunde schenk ich euch, ihr schafft es sowieso nicht bis zehn.«

Womit er natürlich recht hatte.

Wir luden ihn auf eine Tasse Tee ein, er winkte lachend ab, er war ja schließlich nicht aus Gummi, nicht wahr, nie im Leben würde er da hochkraxeln, und wahrscheinlich musste man schwindelfrei sein.

»Wir schwindeln nie!«, rief Simon und überkreuzte die Finger.

Gegen elf brachen wir auf und erfuhren beim Tanken, dass wir zumindest in Deutschland auf fast allen Tankstellen Wasser abfüllen könnten.

Sprung ins kalte Wasser

Percy und ich wären gern auf die Insel Mainau übergesetzt, doch die Kinder wollten keine Blumen oder Schlösser sehen, sondern fahren, wie wir es versprochen hatten. Und baden. Also auf zum Zürichsee. Leider war der quasi einbetoniert, wir fanden keine Badestelle mit Parkplatz. Allmählich begriffen wir, dass die Parkplatzsuche einen ebenso großen Raum einnehmen würde, wie unser Bus lang war. Schließlich bezahlten wir 50 Franken Eintritt für uns fünf in ein Schwimmbad, in dem Hunde keinen Zutritt hatten, weshalb ein Erwachsener nur kurz ins Wasser sprang und sich dann um Dschinn kümmerte, für den es im Auto auch bei geöffneten Fenstern zu heiß war.

»Mama, krieg ich bitte Pommes?«

»Ja, ich auch, ich auch!«

»Mama, krieg ich ein Eis?«

»Ich auch, ich auch!«

Als die Kinder an diesem Abend schliefen, waren wir ein wenig geschockt, weil wir exklusive Tanken 150 Euro ausgegeben hatten. Das lag auch daran, dass wir in der Schweiz Extra-Maut für unseren Bus bezahlen mussten. Wenn wir so weiterprassen würden, wäre das unbekannte Ausland bald final erreicht. Nein, so hatten wir uns das nicht vorgestellt.

Als Erstes beschlossen wir, die Schweiz in Zukunft zu meiden. Vorher besuchten wir aber noch einen Freund in Bern, wie es uns spontan in Zürich eingefallen war. Das genossen wir sehr. Man ist irgendwo, überlegt, wen man kennt, und schaut mal vorbei. Natürlich riefen wir vorher an.

Egon freute sich und zeigte uns ein wunderschönes Naturschwimmbad an der Aare. Eiskalt, dafür kein Eintritt. Man konnte sich ein Stück weit treiben lassen, die Kinder waren begeistert und ließen sich auch mit fast blauen Lippen nur unter sanftem Zwang zum Landgang überreden. Percy und ich sprangen von einem Baum ins kalte Wasser und noch mal und noch mal wie die Kinder, und irgendwann fiel uns auf, was wir da machten.

Abends fragte Egon uns, ob wir essen gehen wollten.

»Wir laden dich ein«, sagte ich, weil wir ja sparen wollten.

»Ich kenne da eine super Pizzeria, die …«

»Bei uns«, fügte ich hinzu.

»Bei euch … ach so.«

»Es gibt aber bloß Spaghetti mit Tomatensoße, weil wir noch keine Zeit zum Einkaufen hatten«, sagte ich und korrigierte mich dann: »Also, es hat sich noch nicht ergeben.« Zeit zum Einkaufen würde ich jetzt immer haben. Nie mehr würde ich mich abhetzen, um womöglich noch schnell vor Ladenschluss etwas zu besorgen. Ich würde mich mit Muße und Muse unserer Ernährung widmen!

»Lecker«, sagte Egon, und die Kinder machten »Mmmmh!«. Wie oft Kinder Spaghetti mit Tomatensoße essen können, verblüfft mich immer wieder. Sogar wenn sie Montagmittag welche bekommen haben und man Montagabend mit ihnen essen geht, haben sie noch nicht genug davon und rufen, noch ehe man ihnen die Speisekarte vorliest: Spaghetti mit Tomatensoße!

Egon zeigte uns einen sehr schönen Platz an der Aare, wo wir auch übernachten konnten. Percy wollte auf keinen Fall noch mal von einem uniformierten Parkwächter geweckt werden. »Wir müssen jeden Abend so lange suchen, bis wir einen schönen Platz finden, idealerweise an einem Gewässer«, hatte er die Messlatte hoch gelegt.

Das sollte noch zu zahlreichen Diskussionen führen. Denn was ist ein schöner Platz, wenn man todmüde seit Stunden hinterm Steuer sitzt …

Die Kinder pflückten Blumen für die Tischdeko, Percy stellte unseren Tisch, die Holztür, auf und deckte den Tisch. Smaragdgrün floss die Aare zu unseren Füßen, ein Amselpärchen schmetterte seine Arien in den Abend, ein Chor von Finken stimmte ein, es duftete lecker nach Tomatensoße, eigentlich genauso wie zu Hause.

Wann würde das aufhören, dass ich das dachte? In diesem Moment war ich von Glück erfüllt.

»Percy, das Essen ist gleich fertig. Sorgst du bitte für Getränke?«

»Bringst du noch Parmesan mit?«, bat Egon.

»Wir leben vegan.«

»Ach so, hab ich vergessen. Schon okay.«

»Ich bring gleich eine Alternative«, rief ich aus dem Bus.

»Fermentiert sie jetzt auch noch Käse?«, hörte ich Egon fragen.

Nein, das kam mir nicht in den Sinn. Mein veganer Parmesan ist ruck, zuck gezaubert und superlecker, und zwar folgendermaßen:

»Falscher« Parmesan

20 g Cashewkerne
1 EL Hefeflocken
½ TL Salz
optional ein kleines Stückchen Knoblauch

Im Handmixer mixen, bis die Konsistenz so ist wie von geriebenem Parmesan.

Percy trug das Essen auf, ich füllte unseren Parmesan in eine Schüssel, wusch mir die Hände und ging raus. Am Rande nahm ich wahr, dass es im Auto komisch roch, was mir aber erst später richtig auffiel. Egon war begeistert von meiner schnellen Küche, ganz ausdrücklich auch vom Parmesan ohne Käse. Das freute mich sehr, weil er ja unser erster Gast war. Nur ein wenig mehr Salz hätte er gern gehabt. Lukas sprang auf, es ihm zu holen. Kam nicht zurück. Schließlich hörten wir: »Mama, hier stinkt's. Und alles ist nass.«

Percy fuhr hoch. »Mist!« Er wusste sofort, was geschehen war. »Ich hab das Abwasser nicht gewechselt! Ich hab nur frisches Wasser getankt! Und jetzt ist der Kanister übergelaufen!«

Ja, so war es. Über den Fußboden schwappte eine brackige, stinkende Brühe. Während ich mir sofort einen Lappen schnappen wollte, traf Percy eine klügere Entscheidung. Er schloss die Wagentür. »Wir vergessen das jetzt mal und essen in aller Ruhe. Dann kümmern wir uns darum.«

Und genauso machten wir es.

Wir hatten zwei Zwanzig-Liter-Kanister unter der Spüle. Einen für frisches, den anderen für Abwasser. Wir mussten einfach noch lernen, damit umzugehen. Dass es nicht selbstverständlich ist, dass Schmutzwasser irgendwohin verschwindet. Wir waren jetzt dafür verantwortlich. Wie für alles andere auch.

Der Schlaftisch

Mit Percy und Lilly schlief ich im oberen Teil des Doppelstock-
bettes, beziehungsweise, ich versuchte zu schlafen. Das gelang
in der ersten, zweiten und dritten Nacht leider nur häppchen-
weise. Was kein Wunder war bei den beengten Verhältnissen.
Percy und ich hatten uns zwar alles super ausgedacht, doch im
Schlaf dreht man sich ja auch mal um, und dann hing meine
Nase im Gewürzregal. Es gibt Schlimmeres, ich weiß. Zum
Beispiel, wenn Lilly sich reckte und mir ihre Füße ins Gesicht
stieß. Nichts gegen süße Kinderfüße, aber nicht beim Schlafen.
Oder das Bücherregal regnete auf mich herab, es hing direkt
hinter uns, und wenn man es versehentlich berührte, bekam
man erbarmungslos Schulstoff um die Ohren geschlagen. Die
Angst, aus dem Bett zu fallen, machte es nicht einfacher, ich lag
am Rand, anders hätten wir uns nicht stapeln können. Apro-
pos Stapeln: Ich fühlte mich ohnehin wie in einem Container,
so heiß und stickig war es. Wegen der Mücken ließen wir die
Fenster geschlossen. Am vierten Morgen, wir waren mittlerweile in Frankreich, sagte Percy, der wunderbar schlief, dass er
eine Idee hatte.

Eigentlich war es ganz einfach. »Diana«, sagte ich zu meiner
übernächtigten Frau: »Wir zaubern jetzt ein Luxusabteil nur
für dich.«

»Auf dem Dach?«, fragte sie. »Da fressen mich die Mücken.«

»Nein! Ich schätze, wir können die Schranktür vorne quer
über die Sitze legen. Lass es uns mal ausprobieren.«

Eigentlich war die Schranktür unser Tisch – aber es gibt
auch Schlafsofas und bei uns nun eben einen Schlaftisch.
Reichlich unterfüttert mit diversen Decken und Kissen kam es
darauf an, das Bett zwischen Lenkrad, Sitz und Schaltknüppel
zu schieben, ohne es zu verbiegen. Nach einigen Nächten waren uns die Handgriffe geläufig, und Diana konnte sogar ihren

Kopf aus dem Fenster hängen lassen, wenn es die Mücken-population erlaubte. In der ersten Nacht auf dem Schlaftisch hörte ich ihren Atem, ruhig und gleichmäßig – und das mach-te mich so glücklich, dass ich gern eine Weile wach lag. Ich hörte auch die Kinder schnaufen und träumen, und Dschinn schnarchte … gab es eine schönere Symphonie für mich, um dabei in den Schlaf zu gleiten?

Dschinn kroch am liebsten zu den Jungs ins Bett, wurde na-türlich rausgeschubst, weil da auch keiner mehr reinpasste, was Dschinn allerdings anders sah. Er versuchte es immer wie-der, bis auch er ein ideales Plätzchen fand, nämlich vorne bei Diana, und wenn er Glück hatte, war das Fenster frei und er konnte seinen Kopf in die Nacht halten und wittern nach Her-zenslust.

Eines Morgens wachte ich von einem Lachanfall Dianas auf. Folgendes war geschehen: Spätnachts hatten wir den Bus ir-gendwo in Montpellier geparkt – eine Ausnahme, weil wir tan-ken mussten. Dianas Kopf hing nach draußen. Ein Mann bog um die Ecke, an der wir parkten. Er führte seinen Hund Gassi, der begann erst zu kläffen, als sein Herrchen völlig verdutzt vor dem verbarrikadierten Bus stand, aus dem nur ein Kopf he-rausschaute.

»Bonjour Monsieur«, grüßte Diana schlagfertig und vom Bellen Dschinns hellwach, der dem Artgenossen da draußen knurrend mitteilte, dass die Zweibeiner in diesem Bus unter seinem persönlichen Schutz standen.

Der Mann, so erzählte Diana es mir später, riss die Augen auf und an seiner Hundeleine und ergriff die Flucht. Beim Frühstück am Meer, ein paar Kilometer weiter südlich, lachten wir noch immer Tränen.

Auch in Frankreich mussten wir auf Autobahnen Zusatzmaut für unseren »Schwertransporter« bezahlen. Diana und ich wechselten uns nun beim Fahren ab. Wenn sie dran war, ent-

schied sie sich trotzdem für die Autobahn, da sie auf den Land-
straßen ständig im Kreisverkehr herumkurven musste. Nachts
fuhr oft ich, weil ich wie gesagt unbedingt einen schönen
Schlafplatz finden wollte. Wenn Diana müde war, hatte sie keine Nerven für schöne Aussichten bei Nacht.

Ich wollte nicht, dass die Kinder morgens an einer Raststätte
zwischen Autos und Müll aufwachten. Sie sollten die Augen
aufschlagen und an einem ganz tollen Ort sein. Idealerweise an
einem, an dem sie als Erstes mit ihrem Papa baden gehen
konnten. Ich bin ein wenig stolz darauf, dass ich das fast immer
geschafft habe. Bevor wir die App *Park for Night* entdeckten,
dauerte es manchmal eine Weile. Da Diana erst schlafen konnte, wenn die Tür über den vorderen Sitzen lag, musste sie mit
mir durchhalten, und so stritten wir manchmal leise, während
die Kinder hinten längst schliefen. Oder sie legte sich mal zu
den Kindern. Kam dann aber wieder nach vorn, kuschelte sich
an mich.

Ich weiß nicht, ob wir jemals so tolle Gespräche geführt haben wie auf diesen Nachtfahrten. Wir fuhren sehr viel nachts;
dann fragten die Kinder nicht dauernd, wann wir da wären, sie
stritten nicht; nachts waren sie die idealen Passagiere. Diana
und ich brausten durch die laue Luft des Südens, die Fenster
offen, manchmal hörten wir Musik. Wir redeten über Buddha
und die Welt und lernten uns noch ein bisschen neu kennen.
Im Alltag ist es schwierig, sich bewusst zu begegnen, die gere-
gelten Abläufe schlucken so viel Neugier aufeinander und auch
die Schlupflöcher zur Veränderung.

Als Diana nach einer Weile merkte, wie toll es ist, morgens
an einem Traumplatz aufzuwachen, ließ sie mich gewähren
und freute sich wie ein Kind, vor dem Frühstück in einem
Fluss oder See zu baden: raus aus dem Bus, nackig ins Wasser,
gern ins Meer.

Unsere drei waren ohnehin begeistert. Wenn wir, was vor-
kam, an einem Tag mehrmals Grenzen passierten – gelegent-

lich fuhren wir regelrecht zickzack, Frankreich, Italien, Frankreich, Italien und wieder zurück –, fragten sie morgens: »Papa, in welchem Land sind wir?«

Manchmal wusste ich das selbst nicht. Ist das nicht wundervoll? Leben ohne Grenzen!

Alltag auf Rädern

Nach zwei Wochen hatte sich eine Art Tagesablauf eingespielt.

Diana stand meistens als Erste auf. Nach und nach wachten die Kinder auf, krabbelten aus ihren Kojen.

»Lasst uns mal schauen, wo wir gelandet sind«, lud ich sie ein. Wir erkundeten die Umgebung, Dschinn immer munter voraus – so manches Mal lotste er uns zu einer Badestelle, wenn wir mit dem Bus nicht direkt davor parken konnten. Selbstverständlich verwendeten wir ausschließlich ökologisch verträgliche Körperpflegeprodukte, Spül- und Waschmittel.

»Mama, ich hab Hunger.«

Vor dem Frühstück praktizierten Diana und ich oft Yoga. Während sie es zubereitete, deckte ich den Tisch, also das Bett, die Schranktür. Am besten gefiel es uns allen auf unserer Dachterrasse. Dann packten wir zusammen und fuhren los. Es dauerte nicht lange, da musste das erste Kind zur Toilette, und es sollte natürlich schnell gehen. Idealerweise mussten die anderen beiden auch, sonst durften wir bald wieder anhalten. Da die Kinder nicht gern mit dem Spaten in den Wald gingen, synchronisierten sie sich schließlich und nutzten jede Gelegenheit, auf einer Porzellanschüssel zu thronen, zum Beispiel beim Einkaufen.

Nach dem Frühstück konnten wir maximal zwei, drei Stunden fahren, dann wurden die Kinder quengelig. Wenn wir Glück hatten, schliefen sie länger, und wir erledigten schon ein gutes Stück Strecke, bevor sie aufwachten. Dann steuerten wir einen Badeplatz an, verbrachten einen herrlichen Tag draußen. Schwimmen, Sandburgen, Ballspielen, Vorlesen, Um-die-Wette-Rennen.

»Mama, wie heißt die Blume?«

»Papa, Papa, schau mal, ich kann ein Rad schlagen!«

»Prima, mein Sohn, ich geb dir noch einen Tipp …«

Die kleinen Kinderkörper, so geschmeidig und schnell. Mein Herz floss über vor Liebe. Ich spürte mit jeder Faser meines Körpers, dass Diana und ich uns richtig entschieden hatten. Ich wollte kein Vater sein, der dieses unbeschreibliche Glück nur am Wochenende und in den Ferien erlebt, wenn man es unter diesem Zeitdruck überhaupt spüren kann. Ich wollte den dreien beim Wachsen zusehen, beim Welterkunden, ich wollte ihnen die Natur nahebringen und ihnen zeigen, wie man einen Salto springt.

»Trau dich! Du kannst das!«

»Ich weiß nicht, Papa … vielleicht lieber morgen.«

»Nein, du kannst das heute.«

Lukas springt in die Luft, dreht sich, landet im Wasser und taucht auf, das ganze Gesicht ein Lachen. »Papa! Papa! Ich hab's geschafft!«

Jetzt will sein Bruder auch, und Lilly erst recht, aber sie soll erst mal einfach so springen. Sie nimmt Anlauf und springt direkt in meine Arme. Auf dem Steg steht Diana, wir schauen uns an, und ich sehe, dass sie das Gleiche fühlt wie ich, und dann springt sie auch, und ich fange sie auf.

Abends helfen alle zusammen, damit der große Hunger schneller gestillt ist. Natürlich dauert es ewig, wenn Kinder Gemüse waschen … und das ist noch viel zu kurz. Alle diese Momente könnten länger dauern, endlos, und da kommt schon der nächste, weil jeder Augenblick, der bewusst erlebt wird, sich in die Ewigkeit ausdehnen kann.

Wann sind wir da?

Nachdem ich mich an die Nachtfahrten gewöhnt hatte, war ich froh und dankbar, dass Percy so hartnäckig Paradiese für uns suchte. In den ersten Wochen sind wir sehr viel gefahren; wir ließen uns treiben, folgten dem guten Wetter, heute nach Süden, morgen ein Stück nach Westen. Später blieben wir länger an einzelnen Orten. Vielleicht mussten wir uns am Anfang beweisen, dass wir uns tatsächlich losgeeist hatten, dass wir jetzt wirklich unterwegs waren. Zum anderen waren wir auch neugierig. Wenn man dauerhaft unterwegs ist, ändert sich der Rhythmus; Unterwegssein wird normal. Davon abgesehen, hatten wir in den ersten sechs Wochen auch einige feste Anlaufpunkte: Percys Teachings, wir trafen Freunde. Ich glaube, dass es zu Beginn ganz gut war, ein paar Ziele anzufahren, aber lange Fahrten waren oft stressig. Denn auch wenn die Kinder das Unterwegssein liebten, so saßen sie doch nicht gern im Auto.

»Wann sind wir da?«

»Gar nicht.«

»Wann sind wir da?«

»Nie wieder.«

»Warum?«

»Wo fahren wir hin?«

»In den Süden.«

»Wo ist das?«

»Wo die Sonne scheint.«

»Warum?«

»Weil es da warm ist.«

»Warum?«

Wir hatten vorne vier Sitzplätze. Das dritte Kind musste allein hinten sitzen – oder eins vorne und zwei hinten. Wer hinten saß, konnte nur durch das Campingfenster rausschauen.

»Warum muss immer ich …« Gerangel. Alle wollten nach vorne. Alle wollten gleichzeitig das Legomännchen. »Mama, der hat mit seinem Ellenbogen …« Alle wollten eine andere Musik hören. »Mama, ich will malen!«

»Ich auch.«

»Mama, ich will aber einen grünen Stift.«

»Lukas, gib ihr den grünen Stift.«

»Grün brauch ich selber.«

»Ihr habt doch mehrere grüne Stifte.«

»Aber ich brauch genau den.«

»Mama, ich kann doch keine blauen Bäume malen!«

»Blaue Bäume finde ich besonders schön«, sagte Percy.

Alle Kinder gleichzeitig grabschten nach dem blauen Stift. Es ging von vorne los.

Kurvige Strecken führten zu lautstarken Beschwerden, als vereitelten wir absichtlich die Entstehung großartiger Kunstwerke. »Mama! Ich! Kann! So! Nicht! Malen!« Quengelnd: »Jetzt ist mein schönes Bild kaputt.«

»Dann mal halt ein neues.«

»Das geht nicht.«

Peng. Irgendetwas fiel vom Tisch.

»Ihr wisst doch, dass ihr beim Fahren …« Nein, sie hatten es schon wieder vergessen. Ein Apfel kullerte über den Boden, oder schlimmerenfalls fiel eine Tasse um.

»Mama, aber jetzt will ich auch mal nach vorne.«

»Wann halten wir an?«

»Wie weit ist es noch?«

»Wann sind wir da?«

Überflüssig zu erwähnen, dass sie nicht angeschnallt auf ihren Sitzen blieben, sondern mal schnell …

»Zurück auf deinen Platz!«

»Aber ich will bloß …«

»Hinsetzen.«

»Aber der Lukas ist vorhin auch …«

Alles in allem der ganz normale Wahnsinn. Allein Dschinn blieb brav auf seinem Platz. Und er war auch schön leise. Die Kinder hingegen veranstalteten einen Höllenlärm. Ich glaube, es war sogar noch in der Schweiz, dass wir Ohrenstöpsel kauften. Wir dachten, wir müssten das Geschrei einfach ignorieren, dann würde es schon aufhören. Es hörte aber nicht auf, und ich wollte lieber wissen, was da hinter meinem Rücken vor sich ging. Die Kinder fanden die Reise ins unbekannte Ausland uneingeschränkt super, aber bitte schön ohne lange Fahrerei. Wenn sie irgendwelche Bedürfnisse hatten, sollten diese sofort erfüllt werden. Mama, ich hab Hunger, ich hab Durst, ich muss aufs Klo. Percy und ich stellten nicht nur einmal fest, dass wir zuweilen ganz schön verzogene, undankbare Kinder hatten. Denen war es egal, wie viel Verantwortung wir trugen, wie wir mit uns gerungen hatten, was wir auf uns nahmen, um ihnen diese Reise zu ermöglichen. Es war ihnen egal, wenn wir bis ein Uhr nachts herumgekurvt waren, um den allerschönsten Schlafplatz für das allerschönste Aufwachen in einen neuen Tag zu suchen. Es war ihnen wurscht, ob wir müde waren. Sie wollten JETZT SOFORT irgendetwas, und wenn sie das nicht bekamen, wurden sie anstrengend. Und irgendwie war das auch schön. Dass sie keine Angst hatten, frei ihre Wünsche äußerten. Wir versuchten, so zu tun, als hörten wir sie nicht. Einmal telefonierten wir nebeneinander sitzend mit Kopfhörern. Prompt flogen Sachen nach vorne. Je nach Tagesform war ich genervt, ignorierte sie, brüllte nach hinten, wenn Zimmerlautstärke nicht durchdrang, oder musste auch mal lachen. Manchmal brüllte Percy auch. Der kann das dreimal so laut wie ich. Dann setzten sie ihre »Ich-kann-kein-Wässerchen-trüben«-Gesichter auf und waren ganz brav. Für ungefähr dreißig Sekunden. Zu dritt schaukelt sich alles immer schnell hoch.

»Lilly, setz dich hin, wir sind kein Linienbus.«

»Aber der Simon hat doch auch …«

Wider besseres Wissen verhalfen wir den Kindern inkonsequent zu ihren Turnereien während der Fahrt, indem wir sie um kleine Gefallen baten, weil wir nicht anhalten wollten. »Reichst du mir mal bitte den Orangensaft, kannst du mir mal das Kissen …« Und schon waren sie alle drei wieder am Herumwuseln.

Sobald sie schliefen, atmeten wir auf – und wollten so viel Strecke wie möglich machen, wenn wir ein Ziel hatten. Dann wachten sie auf, rieben sich die Augen, gähnten laut, schnauften schwer und schlaftrunken, die Haare zerzaust, die Gesichter heiß und rosa vom Schlaf, und ich konnte mich nicht sattsehen an ihnen, und wenn dann ein warmer Kinderleib nach vorne krabbelte, um ein bisschen mit Mama zu kuscheln, war ich auch nicht konsequent. Bis wieder eine Sirene losging.

Lukas hielt sich meistens zurück, Kindergekreische verstieß gegen seine Ehre als Ältester, er war immerhin schon neun. Aber er hatte an allem etwas auszusetzen. Vor allem Abspülen hasste er, und überhaupt zeigte er wenig Lust, kleinere Aufgaben zu übernehmen. Da musste ich ihn gelegentlich daran erinnern, dass dieser Road-Trip durch seine Initiative ins Rollen gekommen war. Wäre er wie andere Kinder zur Schule gegangen, würde er jetzt in Andechs abspülen. Natürlich gefiel mir so eine Argumentation nicht, aber manchmal geriet ich auch an meine Grenzen, wahrscheinlich schneller als in der Wohnhaft, wo ich viel mehr Platz hatte, nicht nur zum Kochen. Unser Haus war groß genug, ich konnte mich jederzeit mal zurückziehen, oder ich beschäftigte mich im Garten oder meditierte am See oder ging mit Dschinn spazieren – es war so viel Raum um mich. Nun waren wir ausgestiegen, und ich konnte nicht einfach aussteigen.

»Wieso soll immer ich abspülen? Simon kann das auch mal machen!«

»Er hat es gestern gemacht, und du bist der Ältere.«

»Das ist ungerecht!«

Simon sprang seinem Bruder bei. »Dann wasche ich eben für dich ab.«

»Immer drängelst du dich vor«, beschwerte Lukas sich.

Der Schuhschwund

Bevor wir losfuhren, hatten Percy und ich uns oft vorgestellt, wie großartig das wäre, ständig mit unseren geliebten Kindern zusammen zu sein. Gemeinsam würden wir die Welt entdecken, wie viele schöne Augenblicke würden wir erleben … wie nah könnten wir an ihrer Entwicklung teilhaben. Stattdessen wurden wir phasenweise zu autoritären, erpresserischen, ja sogar flunkernden Eltern, und gelegentlich musste ich den Drill Instructor aktivieren.

Ich erfand Geschichten, vor allem für Lilly, die am schrillsten kreischen konnte: »In dem Land, in dem wir gerade sind, müssen alle Kinder im Auto leise sein.« – »Wenn die Kinder nicht angeschnallt sind, wird den Eltern schon mal der Führerschein weggenommen, und wir können nicht weiterfahren.« – »Hier können wir nicht anhalten, sonst bekommen wir einen Strafzettel.« – »Die Raststätte hat geschlossen.«

Lukas durchschaute manche unserer Finten. »Ihr verarscht uns!«, beschwerte er sich.

»Nein, wir stellen euch vor die Wahl«, formulierte ich diplomatisch.

»Hier ist es ja schlimmer als im Knast!«, rief Lukas.

Tja. Wenn man Dankbarkeit erwartet, kann man genauso gut zu Hause bleiben. Und es kam noch schlimmer. Zu Hause hatten wir keinen Fernseher gehabt. Hin und wieder durften die Kinder am Computer etwas ansehen. Nun ließen wir sie öfter Filme gucken, weil sie dann nämlich ruhig waren. Wir machten es genauso wie viele Eltern aus unserer ehemaligen

Nachbarschaft. Nein, so hatte ich mir das nicht vorgestellt. Immerhin konnten sie nur englische Filme sehen, da wir ja jetzt im Ausland waren und es keine deutschen Filme gab.

»Das ist blöd.«

»Dann will ich lieber gar nichts anschauen.«

»Gut, dann seht ihr nichts.«

»Ich will aber schon!«

»Wenn du zu doof bist für Englisch.«

»Ich kann ja schon Englisch.«

»Stimmt nicht, stimmt nicht, stimmt nicht!«

»Haudujudu.«

»Aua!«

»Könnt ihr euch bitte mal einigen?«

»Ja, Mama, bitte einen Film in Englisch.«

»Plies, plies, plies, liebe Mama, plies!«

»Piss, piss, piss!«

»Peace!«, flehte ich um Gnade.

Nachdem wir den Kindern eine Zeitlang Ferien total gegönnt hatten, verteilten wir Aufgaben. Jeder war für eine bestimmte Sache zuständig. Simon sollte sich um die Ordnung bei den Schuhen kümmern. Mit denen hatten wir nämlich ein Problem: Sie verschwanden spurlos. Wir befürchteten zuerst, einen heimlichen Schuhfresser an Bord zu haben, doch Dschinn schwor Steak und Bein, dass er nichts damit zu tun hätte. Ich erinnerte mich daran, dass ich am Seitenstreifen von Autobahnen, überhaupt auf Autobahnen wie auch an Stränden schon oft einzelne Schuhe gesehen habe. Wo kamen die her? »Simon, zieh Schuhe an, bevor du rausgehst!«

»Ich find sie nicht!«

»Barfuß darfst du nicht raus, da könnten Scherben herumliegen.«

»Jetzt hab ich einen Flipflop gefunden. Aber der andere ist weg.«

»Das darf doch wohl nicht wahr sein! Du hast die Schuhe erst seit zwei Tagen!«

Ich hatte meine Kinder für schlampig und nachlässig gehalten, weil innerhalb von vier Wochen fünf Schuhe verschwanden, doch eigentlich konnten sie nichts dafür. Eines Tages löste sich das Rätsel. Man kann einen Schuh folgendermaßen verlieren: Es ist Nacht, die Kinder müssen zur Toilette. Wir halten auf einem Parkplatz. Wie wir es vom Haus gewohnt sind, ziehen wir unsere Schuhe im Flur, also an der Bustür, aus. Wenn die Kinder nun aussteigen, kicken sie die Schuhe versehentlich auf die Straße – und da es dunkel ist, merken wir das nicht.

Wir besorgten ein Hängeregal, und das gehörte in Simons Verantwortungsbereich. Er gab sich wirklich Mühe, doch eines Tages fehlte wieder ein Schuh – und es fiel ihm sogar frühzeitig auf; wir waren gerade erst losgefahren.

»Dann kümmere dich mal drum«, sagte Percy zu Simon.

Ohne Widerrede stieg er aus, lief zurück, während Percy wendete. Ich wollte Simon beim Suchen helfen, folgte ihm und hörte gerade noch, wie mein Sohn einen Mann fragte: »Hello Sir. Sorry. I look for a shoe. In yellow. From my brother. Big problem you know. Shoe is new.«

Ich traute meinen Ohren kaum. Hatte Simon da eben Englisch gesprochen?

Heimlich flüsterte ich Percy zu: »Das ist das Opfer, das wir bringen müssen: Filme gucken im Tausch gegen Englischvokabeln.«

»Wenn sie das fließend können, machen wir weiter mit Spanisch«, schmunzelte er.

Sehnsuchtsorte

Nicht nur die Kinder lernten Fremdsprachen. Ich frischte mein Schulfranzösisch auf und war begeistert von dem Luxus, einige meiner Sehnsuchtsorte mit eigenen Augen zu sehen. Den Rheinfall in der Schweiz, das Dalì-Museum in Figueres, Tropfsteinhöhlen an der Ardèche – und natürlich eignete sich das alles und noch viel mehr als Schulstoff für die Kinder, aber eben nicht theoretisch, sondern praktisch. Ich glaube, ich habe als Erwachsene nie so viel gelernt wie in dieser Zeit. In meinem alten Leben, meinem Alltag war ich vor allem damit beschäftigt gewesen, den Laden am Laufen zu halten. Nun googelte ich Orte und Regionen, die wir als Nächstes passieren würden, und fasste alles Wissenswerte für die Kinder zusammen.

Um ihr Interesse zu wecken, musste ich den Stoff natürlich gut verpacken. So habe ich mir manches dermaßen nachhaltig eingeprägt, dass ich es heute noch erklären könnte. Zum Beispiel haben wir uns Gedanken über sauberes Wasser gemacht. Wie kommen wir außerhalb von Deutschland, Österreich, der Schweiz an Trinkwasser? In Spanien und Portugal war das Wasser aus dem Hahn nicht mehr trinkbar. Wir hatten die Wahl, Plastikkanister zu kaufen oder das Wasser selbst zu filtern. Freunde von uns hatten einen mobilen Wasserfilter an Bord, den sie an einen normalen Wasserhahn anschließen konnten. Der transformierte das Brauchwasser in Trinkwasser. So ein Ding war allerdings teuer, und es kann doch nicht sein, meinten die Kinder, dass nur reiche Menschen Zugang zu sauberem Trinkwasser haben. Wir recherchierten, ob man sich einen Wasserfilter selbst bauen kann, und versuchten so einiges, bis wir zufrieden waren mit einem Filter aus Holzkohle, Sand und Kiesel, getrennt durch saubere Blätter. Das dergestalt gefilterte Wasser kochten wir im Anschluss mindestens sieben Minuten lang, um alle Keime abzutöten.

Wir alle haben ein Stück weit über unseren Glas- und Tellerrand hinausgeschaut, und das hat zu ganz anderen Gesprächen geführt. Beim Essen wurde nicht mehr darüber geredet, welcher Schulkamerad welches Smartphone hat. Es war eine große Freude zu sehen, wie begierig die Kinder die Impressionen aufsogen, wie sie sie verarbeiteten, Schlüsse zogen. Sie stellten Fragen, die uns oft überraschten. Percy und ich mussten nicht selten weiterforschen, um sie beantworten zu können. Oft waren wir selbst dann auch begeistert – wie großartig die Natur alles eingerichtet hat, wie Ingenieurskunst eine Brücke über einen Fluss stabilisierte, wie phänomenal die Leistungen unserer Vorfahren waren. Immer wieder fiel mir ein, was ich theoretisch längst wusste: Wie leicht Kinder lernen, wenn sie sich für etwas interessieren. Und wie einfach war es, ihr Interesse zu gewinnen, wenn wir schon mal vor Ort waren! Ich glaube nicht, dass sie zur Winzerei Fragen gehabt hätten, wenn wir nicht in einem Weinberg übernachtet hätten. Nun löcherten sie uns regelrecht, und wir merkten, dass wir keine andere Chance hatten, als in diesem französischen Dorf einen Winzer aufzutreiben, der uns seinen Weinkeller zeigte … Es war dann eine Winzerin, die allerdings nicht verstehen konnte, dass wir keine Flasche Wein geschenkt haben wollten. Wir trinken ja keinen Alkohol und leben ohne Drogen – Genuss pur!

Je länger wir unterwegs waren, desto entspannter wurden wir auch. Es war, als hätten sich unsere Tage verlängert. Uns trieb auch nichts an, wie früher so oft, wenn wir von einem Erledigt-Häkchen zum nächsten hetzten, ganz normaler Familienalltag. Zwei Stunden verharrten wir an einem Ameisenhaufen, beobachteten, versuchten unsere Blicke an einzelne Insekten zu heften. Percy googelte und las vor, wie großartig das Gemeinschaftsleben der Ameisen organisiert ist. Lukas fragte, ob die Königin eine reiche Ameise sei – im Vergleich zu den Arbeiterinnen – und ob das genauso sei wie mit den Bienen. Percy geriet ein wenig ins Schleudern, dann fand er Antworten. Die Kinder kamen immer wieder darauf zu sprechen. Es beschäftigte sie, sie zogen ihre eigenen Schlüsse, sie verbanden verschiedene Bereiche miteinander – interdisziplinäres Lernen. Solche Momente machten mich glücklich, auch als Bestätigung, dass wir das Richtige getan hatten, indem wir Lukas von der Schule nahmen und Simon abmeldeten. Ich erkannte, dass die Kinder beim Lernen ihrem eigenen Rhythmus folgten und wie viel ihnen zuzumuten war. Wir hatten ja: alle Zeit der Welt, und vor allem waren wir flexibel. Ein Kind hatte schlechte Laune, wir fanden keinen Parkplatz, der Hund musste Gassi … Dann eben morgen oder nie, morgen ist ein neuer Tag, morgen ist was anderes dran.

Ich habe auch gelernt, meine eigenen Bedürfnisse loszulassen. Natürlich wollte ich in Madrid unbedingt in den Prado, die alten Meister sehen. Doch die Kinder hatten absolut keine Lust auf Museum und waren durch nichts zu überreden, bestechen, erpressen. Dann eben nicht. Vielleicht ein andermal. In Paris hatte ich dasselbe Pech mit dem Louvre. Unsere Solaranlage ging nämlich kaputt, und die war wichtiger. So sah ich nicht das Lächeln der Mona Lisa, wohl aber das der Mitarbeiterin eines Baumarktes, die sich nicht angedeutet, sondern breit strahlend freute, uns helfen zu können mit einem zwei Zentimeter kleinen Ersatzteil.

Wenn man nicht nur eine begrenze Zeit, sondern mit der Option »Für immer« unterwegs ist, dann versucht man es eben ein zweites und auch ein drittes Mal. Außer, die Kinder wollen unbedingt etwas sehen. Nämlich den Eiffelturm, den kannten sie aus dem Film *Miracules,* in dem Marienkäfer Superhelden sind. Deswegen waren wir in Paris, nicht wegen Leonardo da Vinci!

»Da kriegen wir nie im Leben einen Parkplatz«, sagte ich zu Percy.

»Doch! Kinder, aufgepasst!«, rief er nach hinten. »Ich erkläre euch jetzt, wie man sich einen Parkplatz vor dem Eiffelturm reserviert.«

»Wir rufen an?«, fragte Lilly.

»So ähnlich«, sagte Percy, gab seine Bestellung beim Universum auf und fädelte den Sieben-Meter-Bus vierzig Minuten später direkt vor dem Eiffelturm ein.

»Es ist jedes Mal wieder unfassbar«, schmunzelte ich.

»Aber Papa hat doch einen Parkplatz bestellt«, erinnerte Lilly mich.

»Mama, ich hab Hunger«, meldete Lukas.

»Ich auch«, echoten seine Geschwister.

»Spaghetti bolognese?«, schlug ich vor.

»Au ja!«

Wir öffneten die Fenster und kochten gemeinsam – mit Blick auf eine Manege zum Ponyreiten und den Turm. Das war schon erhebend. Ich liebe es, beim Kochen aus dem Fenster zu blicken, und dass das in unserem Bus möglich war, rechnete ich ihm hoch an. Massen von Leuten zogen an uns vorbei, so viele verschiedene Persönlichkeiten, Schicksale, Geschichten. Und wir mit unseren mittendrin – und draußen. Dschinn musste mal, Percy erbarmte sich. Mit einem vollen Hundekotbeutel kam er zurück. Nirgends ein Abfalleimer. Er legte ihn vor den Bus, wir würden ihn später mitnehmen. Dann musste Simon. Percy befestigte eine kompostierbare Tüte an der Klobrille auf dem Klappstuhl, alle verließen den Bus. »Fertig«, rief Simon. Percy holte die Tüte, legte sie zu dem Hundebeutel, alle wieder rein. Das Nudelwasser kochte. »Hände waschen«, hielt ich Simon an.

»Mama, ich muss vielleicht auch«, meldete Lukas sich. Percy

legte Tüte Nummer drei bereit. Und dann roch es endlich nur noch nach Spaghetti bolognese.

Spaghetti bolognese

Zutaten für 4 Personen
1 Packung (200 g) Tofu Basilikum
1 mittelgroße Zwiebel
1 Knoblauchzehe
2–3 EL Olivenöl
2 EL Tomatenmark
ca. ½ Flasche Passata, 350 ml
optional 1 kleine Karotte, sehr fein geraspelt
1 Schuss Agavensirup
Salz, Pfeffer
italienische Kräuter nach Gusto
500 g Nudeln

Den Tofu mit den Händen in ungleichmäßige, nicht zu kleine Stückchen bröseln, zur Seite stellen. Zwiebel und Knoblauch schälen und in klitzekleine Stückchen schneiden.
In einer großen Pfanne das Olivenöl stark erhitzen, den Tofu kräftig anbraten, sodass er braun und fast schon knusprig wird. Dann die Hitze reduzieren, die klein geschnittenen Zwiebeln und den Knoblauch zugeben, unter ständigem Rühren 1–2 Minuten weiterbraten.
Das Tomatenmark in der Pfanne unterrühren, alles mit Passata ablöschen. Zum Schluss noch einen kleinen Schuss Agavensirup dazu, um die Säure der Tomaten etwas auszugleichen, und evtl. die getrockneten italienischen Kräuter. Dann Deckel drauf und ca. 30 Minuten vor sich hin köcheln lassen. Um die Soße zu verlängern, kann man vor dem Einkochen noch eine kleine Karotte im Mixer sehr fein raspeln

und unter die Soße heben. Immer wieder umrühren. Liebe einrühren.

Während die Soße vor sich hin köchelt, in einem ausreichend großen Topf 3–4 Liter Wasser zum Kochen bringen. In das kochende Wasser 3 TL Salz geben. Sobald sich das Salz aufgelöst hat, die Nudeln zugeben und nach Packungsangabe ohne Deckel al dente kochen. Die Nudeln immer wieder umrühren, damit sie nicht festkleben. Nach Ende der Garzeit die Nudeln in einem großen Sieb abgießen. Ein wenig Nudelwasser aufbewahren, falls die Soße zu dick ist, dann die abgegossenen Nudeln zurück in den Topf, Deckel drauf, warm halten.

Die Soße noch mal gut umrühren, eventuell mit dem aufbewahrten Nudelwasser flüssiger machen. Mit Salz & Pfeffer abschmecken. Lecker dazu: frischer Salat.

Nach dem Essen stellten wir uns in die Schlange zur Sicherheitskontrolle. Simon studierte das Schild mit den verbotenen Gegenständen. »Mama, darf man da keine Waffen mitnehmen?«, fragte er ein wenig bedrückt.

»Nein.«

Verlegen lupfte er sein T-Shirt und zog den gefundenen Colt aus dem Hosenbund, den er seit zwei Tagen nicht ablegte. Jetzt musste er ihn hergeben. Ich befürchtete, das würde in einem Drama enden, aber er ließ ihn ohne Protest in eine Plastikwanne gleiten. Danach erst fragte er: »Warum?« Und so wurde der Aufenthalt in der Schlange recht kurzweilig.

Ich merkte, dass wir den Kindern solche Zusammenhänge viel geduldiger erklärten als früher. Wir konnten uns ihnen ganz widmen, es machte nichts aus, zu warten, wir hatten es nicht eilig, nichts lief uns davon. Die Dinge dauerten so lange, wie sie eben dauerten. Nichts wurde von unserem Zeitkonto abgezogen, wir waren unsere Lebenszeit, und egal, wo wir sie verbrachten, es lag an uns, was wir draus machten. Das alles hatte ich vorher natürlich auch gewusst, zumindest theoretisch. Es ist Bestandteil der Yogaphilosophie. Nun durfte ich es in die Praxis umsetzen – und dafür war ich unendlich dankbar. Yoga am Eiffelturm – und das Asana hieß: die Schlange.

Wir liefen unzählige Treppenstufen empor, und als wir oben standen, rundete sich ein Regenbogen über Paris.

»Das ist wegen meinem Colt«, erklärte Simon uns, und wir widersprachen nicht. Sicher freut sich der Himmel über jede Waffe weniger.

Zurück fuhren wir mit dem Lift – und landeten in einer Konsumorgie. Was es da nicht alles zu kaufen gab. Wie immer, wenn sie gelockt wurden, wollten die Kinder alles und unbedingt, und es war nicht leicht, sie zum Weitergehen zu überreden. Jedes bekam einen kleinen Eiffelturm, wir kauften ihn aber nicht im Souvenirshop, sondern von afrikanischen Händlern, die den Kindern noch eine Gummischlange dazu schenkten. So was hätte es im Shop nicht gegeben.

Weil die Kinder so brav waren, verkündeten wir ihnen eine Überraschung: Am nächsten Tag würden wir ins Disneyland fahren. Percy und ich hatten lange überlegt, ob wir das tun sollten, denn natürlich sind wir keine Fans vom Löwenkönig des Konsums. Aber Percy hatte im Internet einen Spezialtarif gefunden, der zwar noch immer unverschämt teuer war, doch wir waren bereit, 300 Euro zu bezahlen für einen unvergesslichen Familienausflug. Leider konnte man das Ticket nicht online buchen, und so würden wir vermutlich wieder in einer Schlange stehen. Anscheinend waren dies die Tage der Schlange. Dass ich doch noch nicht erleuchtet war, merkte ich wieder mal, als abends bereits zum zweiten Mal in einer Woche unser Küchen-Hängeschrank aufsprang und Öl, Mehl, Chiasamen, Kakaopulver und vieles mehr auf den Boden klatschte – eine Riesensauerei, über die sich allein Dschinn freute, der hilfsbereit sofort mit der Reinigung begann. Wir halfen alle mit, die

Kinder fingen zu malen an, Percy machte ein Spiel draus, was ich zuerst verweigerte, weil ich so nicht mit Nahrungsmitteln umgehen möchte, aber sie lagen nun schon mal auf dem Boden. Also hockte ich mich dazu und hatte Freude an Kakao an Öl auf Chia.

Als wir uns am nächsten Tag durch viele Absperrgitter bis zur Kasse von Disneyland vorgewartet hatten, erfuhren wir, dass wir zu fünft 580 Euro bezahlen sollten für ein Familientagesticket. 10 Euro hatten wir bereits am Parkplatz gelöhnt.

»Moment mal«, sagte Percy zu dem Mann im Kassenhäuschen. »Im Internet kostet es 300, und ich hätte es gern gebucht, aber es war nicht möglich.«

»Damit habe ich nichts zu tun. 580, oder Sie treten bitte zurück.«

Unmittelbar hinter den Zäunen tanzten lebensgroße Micky Mäuse. Lilly hatte vor Aufregung feuchte Hände, weil sie gleich in das Prinzessinnenschloss dürfte. Schlösser interessierten sie gerade so brennend, dass sie, ohne zu murren, bereits drei mit uns besichtigt hatte, zum Leidwesen der Jungs, die dann aber doch auf ihre Kosten gekommen waren in der Waffenkammer und bei den Rittern. In den folgenden Tagen hatten Percy und ich unsere Mittelalterkenntnisse aufgefrischt und unter anderem festgestellt, dass es zu der Zeit, in der wir es verortet hätten, schon vorüber war – was einen kleinen Geschichtskurs für Große nach sich zog.

So schnell gibt Percy nicht auf, doch natürlich war nichts zu machen. Gewiss, wir hätten uns den Eintritt leisten können, doch soll man eine solche Unverschämtheit unterstützen? Warum werden Familien dermaßen geschröpft? Das fängt schon bei den Preisen in der Hochsaison an, die natürlich in die Ferienzeit fällt. Wäre es nicht gerechter, die Preise in der Ferienzeit zu verbilligen? Auch was Mieten auf Campingplätzen oder

Ferienapartments und Flüge betrifft. Sogenannte Familientarife sind oft gar nicht günstig, sie klingen nur so.

Unsere Kinder waren entsetzt, als sie merkten, dass es kein Disneyland für sie geben würde. Dreifacher Alarm ertönte. Das Paradies vor Augen! Wir versuchten, ihnen zu erklären, warum wir umdrehten. Sie verstanden es erst mal nicht. Doch auf dem Gelände befand sich ein Park, da gab es auch allerlei anzusehen, und so vergaßen sie ihre Empörung, und es wurde noch ein schöner Tag vor den Toren Disneylands. Zumal wir ihnen einen anderen Themenpark versprachen.

Abends beschloss der Familienrat, dass wir den großen Städten nun den Rücken kehren würden. Wir hatten genug Lärm, schlechte Luft und Menschenmassen um uns gehabt. Wir konnten einfach weiterziehen. Wir mussten uns nicht entscheiden für Stadt oder Land, die ganze Welt war unser Zuhause.

»Ist das nicht wundervoll, Diana?«, fragte Percy mich, als wir eine Eichenallee entlangfuhren; die Kinder müde von dem langen Tag am Einschlafen.

Die dicke Düne

Diana nickte. Ja, es war wundervoll. Vor allem, weil wir in allen wichtigen Dingen einer Meinung waren. Sie hätte auf den Besuch von Disneyland bestehen können, schließlich hatten wir es den Kindern versprochen – wenn auch zur Hälfte des Preises. Nein, wir zogen an einem Strang.

In Andechs hatten wir, wie es so schön heißt, im Grünen gewohnt. Die Kinder konnten viel barfuß laufen. Doch es war etwas anderes als jetzt, wo wir eigentlich immer draußen waren. Die Natur war unser Wohnzimmer, wir lebten in der Natur und mit der Natur. Diana lehrte die Kinder, was es an unseren jeweiligen Standorten an essbaren Pflanzen gab, sie sammelte Pilze mit ihnen und Brennnesseln. Nachts sahen wir fern am Firmament, beschrieben uns Sternbilder oder horchten auf die Tonspur, was die Grillen uns erzählten.

Oder wir erinnerten uns an die schönsten Erlebnisse des Tages wie zum Beispiel die Dune du Pilat, die größte Wanderdüne Europas an der Atlantikküste bei Arcachon in Frankreich. Es war ein unvergesslicher Nachmittag, als wir mitten im Wald auf dem heißen Schneeberg aus Sand standen, 110 Meter hoch, 500 Meter breit und 2,7 Kilometer lang. Man fährt durchs Grüne und steht plötzlich vor diesem riesigen Sandberg. Wer ist zuerst oben? Himmel, ist das anstrengend! Dass man schließlich einen großartigen Blick über den Atlantik genießt, war den Kindern egal. Sie rutschten runter und rannten hoch und rutschten und rannten und kugelten durch den Sand. Wir fassten uns bei der Hand und rannten alle fünf, Lillys Tempo angepasst, nein, wir flogen, wir hoben ab, wir waren frei. Und abends folgte die Theorie. Papa, woher kommen Dünen? Gibt es auch dicke Dünen?

Simon verdrehte die Augen. »Da waren wir doch heute! Das hast du doch gesehen, wie dick die war.«

»Breit«, korrigierte Lukas.

»Laaaaaaang!«, wollte Lilly das letzte Wort haben. Und dann sollte Diana das alles noch auf Französisch erklären. Sie sprach von Tag zu Tag flüssiger, was uns das Reisen in Frankreich sehr erleichterte. Offenbar reden Franzosen nicht gern englisch, obwohl es wirklich schön klingt mit ihrem Akzent.

Leider war es nicht möglich, mit unserem Riesenschiff nah ans Wasser zu fahren, doch wir fanden einen wunderschönen Platz zwischen duftenden Pinien, von dem aus wir das Rauschen des Meeres hörten. Der Familienrat beschloss, dass wir nun, wenn möglich, am Meer bleiben würden. Da gefiel es uns allen am besten. Zum Glück lieben wir alle fünf das Wasser.

Diana und ich können stundenlang am Strand sitzen und einfach nur gucken und die Weite genießen. Was den Kindern natürlich zu langweilig wäre, doch am Meer hatten sie genug zu tun, der Sand geht nie aus. Und abends fragte Lilly mich: »Papa, wie viele Sandkörner gibt es?«

»Mehr, als du zählen kannst.«

»Ich kann aber viel weit zählen.«

»Dann fang doch mal an …«

»Eins, zwei, drei, vier, fünf, sieben …«

»Sechs.«

»Sechs, fünf, sechs, sieben, acht, neun, zehn … hundert.«

»Da fehlt noch was dazwischen.«

»Papa, gibt es mehr Sterne oder Sandkörnchen?«

»Vielleicht genauso viele.«

»Vielleicht sind Sandkörnchen ja ins Meer gefallene Sterne.«

»Interessante Theorie.«

»Was ist eine Theorie?«

»Dass du um diese Zeit schläfst.«

»Papa, ich bin aber nicht müde.«

»Das ist die Praxis.«

Löcher in der Zeit

Für mich selbst gab es ebenfalls Theorie und Praxis. Auch als wir schon eine Weile unterwegs waren, tickte in mir noch die alte Uhr … und trieb mich an, weiterzufahren, auch wenn wir einen schönen Platz gefunden hatten. Was für ein Schwachsinn, denn wir versäumten ja nichts. Doch das mit der Zeit war eine komische Sache. Wir hatten kaum mehr Verpflichtungen, wenn man von alltäglichen Besorgungen absieht. Wir kauften ein, wuschen Wäsche, wir hielten den Bus in Ordnung, tankten, befüllten den Wasserkanister und leerten das Abwasser … sehr überschaubar. Gewiss dauerte alles länger. Wenn wir duschen wollten, mussten wir planen, wo. Unseren Duschsack konnten wir zwar an jedem Baum aufhängen, aber das Wasser sollte warm, also eine Weile an der Sonne aufgeheizt sein. Wenn fünf Leute duschen wollten, dauerte das eben fünf Stunden. Egal, an Zeit mangelte es uns nicht, könnte man glauben. Aber irgendwie hatten wir weniger Zeit. Zack, war schon wieder ein Tag vorbei. Wo war der bloß geblieben, das fragten wir uns oft am Abend.

Wenn wir uns manchmal daran erinnerten, was wir früher an einem Tag geschafft hatten, mit dem Haushalt, den Kindern und jeder von uns in seinem Job, konnten wir das kaum fassen. Wir hatten nur eine einzige Firma behalten, die *Namasté Productions* für unsere Events. Aber die Zeit war löchrig geworden. Und was macht man mit den Löchern? Die man sich ja eigentlich immer gewünscht hat. Endlich mal nicht ständig etwas tun müssen. Morgens noch nicht wissen, wie der Tag verläuft. Keine Meetings, Mails, keine SMS, kein Handy. Lesen. In die Wolken schauen. Atmen. Einfach da sein. Also genau das, was ich in meinem Yogaunterricht als erstrebenswerten

Zustand anpries. Das hatte ich jetzt, oder besser gesagt, ich hatte in gewisser Hinsicht die Voraussetzungen dafür geschaffen. Und was passierte? Es machte mich nervös. Wo war meine Daseinsberechtigung, wenn ich nicht im Kreis von Yoginis und Yogis stand? Wenn ich keine Termine mehr mit meinen Privatkunden vereinbarte? Wenn mich andere nicht für meine akrobatischen Einlagen bewunderten? O ja, ich ging hart mit mir ins Gericht. Natürlich hatte mir das auch ein bisschen gefallen, wenngleich ich weiß, dass es darauf nicht ankommt. Doch ich war auf dem Weg wie meine Schülerinnen und Schüler, wir alle sind es. Wenn ich all das nicht mehr machte, was mich davon abgehalten hatte, mich mehr um meine Familie zu kümmern, wenn ich all das nicht mehr hatte, was ich angeblich gar nicht haben wollte … dann war ich doch am Ziel? Ich konnte Diana unterstützen, ihr mit den Kindern und im Haushalt – im Bushalt – helfen. In Andechs hatte Diana den Großteil dieser Arbeiten erledigt. Endlich konnte ich mich mehr einbringen, wie ich es mir gewünscht hatte.

Müsste ich da nicht von morgens bis abends jubilieren? Ich fühlte mich aber nicht danach, im Gegenteil. Verblüfft ertappte ich mich nach zwei Monaten »Wanderleben« dabei, die Tage bis zu meinem nächsten Yoga-Event zu zählen.

Es war nicht zu fassen. Natürlich war mir bewusst gewesen, dass mir mein Yogaunterricht auch Energie schenkte. Doch in diesem Ausmaß … das hätte ich nicht vermutet. Vielleicht befand ich mich noch in einem Niemandsland. Es ging ja nicht nur um eine »Freiheit von …«. Viel wichtiger ist die »Freiheit zu …«, und die hatte ich noch nicht gefunden. Ich setzte stellenweise noch immer das alte Vorzeichen der Effizienz vor meine Unternehmungen. Nun ging es nicht darum, den Wasserkanister effizient aufzufüllen und von mir aus auch noch effektiv. Es kam darauf an, das bewusst zu tun, vielleicht ein Spielchen mit den Kindern draus zu machen oder ihnen etwas zu erklären, das Geschenk wahrzunehmen, dass wir dieses

Wasser schöpfen durften, dass genug davon da war. Vielleicht zusehen, wie Tropfen am Kanister entlangrinnen. Ein Insekt, das sich über die Tränke freut. Extra noch eine Lache auf den Asphalt tröpfeln für die sechsbeinigen Kameraden. Aber war das cool? War ich damit ein toller Kerl? Wer zollte mir dafür Anerkennung?

»Ist das die Midlife-Crisis?«, fragte Diana mich, als ich ihr davon erzählte.

»Jetzt schon?«, rief ich entsetzt. »Mit Anfang vierzig?« War ich nicht eigentlich noch in der Pubertät?

Diana strich mir sacht über den Unterarm. »Ich kenne das auch«, vertraute sie mir an.

Und wieder begann eines dieser wundervollen Gespräche, die wir nachts so oft führten, wenn die Kinder schliefen, und in denen wir uns immer näher, immer noch ein Stück näher kamen, obwohl wir das gar nicht für möglich gehalten hätten. Aber wenn man gemeinsam durch ein Loch in der Zeit springt, dann geschehen Wunder.

Die Versicherung

Schwupps, waren wir wieder in der Leistungsgesellschaft gelandet, wenn auch ganz anders, innerlich getrieben. Während Percy seinen Unterricht nach einer Weile vermisste, setzte ich mich hin und wieder unter Druck, weil ich keine neuen Projekte initiierte. Ich wollte doch eigentlich Sponsoren für unser nächstes Yoga-Festival suchen. Ein Kochbuch schreiben. Oder mich wenigstens um bereits bestehende Projekte kümmern. Aber ich scheiterte oft schon daran, meine Mails zu checken. Morgens nahm ich es mir vor, und zack, war der Tag vorbei.

»Vielleicht ist das aber auch normal«, sagte ich zu Percy. »Wir haben jahre-, nein, jahrzehntelang quasi rund um die

Uhr gearbeitet. Wobei … So richtig arbeite ich ja schon lange nicht mehr.«

»Was ist denn richtig?«, fragte Percy.

»Na, eben mit fett Geld verdienen, so wie früher.«

»Du bist doch in Andechs von morgens bis abends auf den Beinen gewesen«

»Ja, aber als Mutter.« Ich selbst hatte intensiv und lange mit meiner Rolle als Hausfrau und Mutter gehadert, denn so hatte mein Lebensplan nicht ausgesehen. Mit drei Kindern wird man automatisch darauf reduziert. Mich dagegen aufzulehnen oder meiner Umwelt immer wieder beweisen zu wollen, dass ich auch noch ein eigenständiger Mensch namens Diana war, brachte nichts.

Ich erinnere mich gut an den Tag, als ich das kapierte. Mit einem Versicherungsvertreter saß ich in unserem Haus in Andechs am Küchentisch. Unsere Vermieter verlangten den Nachweis einer Hausratversicherung wegen des Ceranfeldes. Der Versicherungsvertreter füllte ein Formular aus. »Und was sind Sie von Beruf?«, fragte er mich, während Lukas und Simon ihre Milchzähne in meine Beine schlugen. Sie waren nämlich gar keine Jungs, sondern Wachhunde in einem Geisterschloss. Lilly, gerade mal drei Monate alt, wachte auf meinem Schoß auf und gähnte zahnlos.

»Schluss jetzt!«, rief ich unter den Tisch zu den Jungs.

»Ich schreib mal Hausfrau«, entschied der Vertreter.

Und obwohl ich einen Catering Service leitete, ein Yoga-Festival organisierte und die Schublade, in die mich eine Versicherung stecken würde, überhaupt keine Rolle in meinem Leben spielte, versetzte mir das einen Stich. Ich habe achtzehn Jahre beim Fernsehen gearbeitet, mit zahlreichen internationalen Popstars, und einen Haufen Geld verdient. Davor war ich Punkerin, Snowboarderin, habe mich mit Kunst und Architektur beschäftigt, große wilde Bilder gemalt und eine Weltreise gemacht.

Der Versicherungsvertreter merkte, dass irgendetwas schieflief. »Oder?«, fragte er.

Ich hatte mich wieder im Griff. »Hausfrau«, bestätigte ich.

Ich nahm ihm seine Einschätzung nicht übel; ich ärgerte mich über mich selbst, weil mir diese Zuordnung einen Stich versetzt hatte. Natürlich war ich Hausfrau, *auch* Hausfrau. Aber ich hatte ein Problem damit, dass dieser so unglaublich wichtige Job in der Hierarchie ganz tief unten angesiedelt ist. Dann lachte ich und bestätigte wahrscheinlich das Klischee einer hysterischen Hausfrau. Aber ich lachte, weil ich doch ganz genau weiß, dass Freiheit im Inneren beginnt.

Meine Gelassenheit verdanke ich übrigens dem Yoga. Ich musste nichts schönreden und mich als Familienmanagerin bezeichnen oder jubilieren, wie glücklich mich die Kinder machten, und von der Erleuchtung beim Geschirrspülen schwärmen. Es gab nichts zu verteidigen. Es musste nicht besonders irrewahnsinnigsuperklassehammer sein. Es darf so sein, wie es ist. Manchmal wundervoll, manchmal weniger, aber es will getan werden, und deshalb tue ich es, und zwar gern. Weil es jetzt dran ist.

Aber diese Reise ins unbekannte Ausland brachte doch noch einige Herausforderungen mit sich, die ich nicht auf dem Zettel hatte. Je nach Tagesform fühlte sich das großartig, selbstbestimmt, frei und wunderbar an. Oder einfach nur trist. Es dauerte eine Weile, bis Percy und ich diese Phase überwunden hatten, jeder für sich und auch wir beide zusammen. In gewisser Hinsicht waren wir noch immer mit dem Aufbruch in unser unbekanntes Ausland beschäftigt. So hatten wir uns unser Leben sicher nicht vorgestellt, als wir uns vor über zehn Jahren in Berlin kennenlernten.

Wir arbeiteten damals beide bei MTV und entsprachen wahrscheinlich dem Klischee eines hippen Pärchens. Wer weiß, in welchem unbekannten Ausland wir heute Drinks schlürfen würden, wenn wir nicht mit Yoga in Berührung gekommen wären. Während ich gleich spürte, dass es das Richtige für mich ist, fand Percy über den Umweg Capoeira zum Yoga.

Flicflac mit Folgen

Eines Abends beim Capoeira-Training war ich wahrscheinlich zu sehr darauf konzentriert, gut auszusehen. Beim Flicflac landete ich nicht auf meinen Händen, sondern auf dem Kopf. Ziemlich belämmert lag ich einen kurzen Moment auf dem Boden und bemühte mich dann, so zu tun, als wäre das ein Klacks gewesen, wie man es als obercooler Mittzwanziger eben macht.

Später sollte sich dieser Klacks als Knick in meiner Karriere herausstellen beziehungsweise als Klack, der den Schalter in meinem Leben von Run auf Off stellte. Nachts konnte ich vor Schmerzen kaum schlafen und ging am nächsten Tag trotzdem zur Arbeit, funktionierte weiter, schließlich gab es Schmerzmittel für meine verdrehte und gestauchte Halswirbelsäule und den doppelten Bandscheibenvorfall, von dem ich zu diesem Zeitpunkt allerdings nichts wusste. Ich glaubte, das würde schon wieder werden. Es wurde aber nicht. Nach einer Woche fragte ich einen Chiropraktiker um Rat. Er versuchte, mich einzurenken, wonach alles noch schlimmer war. Nichts brachte Erleichterung – bis ich durch einige Zufälle, an die ich nicht glaube, beim Yoga landete. Es stand damals im Ruf, vor allem von Hausfrauen praktiziert zu werden, was allerdings nicht stimmt, wie ich später auch bei Diana sah, die, je mehr Hausfrau, desto weniger Zeit für Yoga hatte und ihren Unterricht dann ganz einstellte. Wie schön, dass wir für die wirklich wichtigen Dinge des Lebens im unbekannten Ausland wieder mehr Muße hatten. Wir praktizierten ausführlich und genussvoll jeden Morgen, am liebsten auf der Dachterrasse, und die Kinder machten oft mit.

»Eigentlich schade, dass du damals mit dem Yogaunterricht aufgehört hast«, sagte ich eines Tages beim Frühstück zu Diana. In unserem Studio waren ihre Kurse immer ausgebucht gewesen. Sie war eine sehr einfühlsame und inspirierende Yogalehrerin.

»Es ging halt nicht anders mit den Kindern. Und du hattest so viele Kurse. Du hast mehr verdient.«

»Ja, gewiss. Die Kleinfamilie zwingt einen zu dieser Rollenaufteilung.«

»So klein sind wir nun auch wieder nicht!«, schmunzelte Diana, pflichtete mir dann jedoch bei. Wir hatten früher oft darüber gesprochen, dass unsere patriarchale Gesellschaft Frauen benachteiligt. So war das damals, als wir im Prinzip den gleichen Job für verschiedene Gehälter machten, und so ist es bis heute geblieben.

Ich hatte Diana oft angeboten zu tauschen. Ich würde mich um die Familie kümmern, ihr den Rücken freihalten für ihren Catering Service. Diana lehnte ab. Sie wollte nicht unter Stress kochen, sondern mit viel Liebe, und sie wollte Zeit für ihre Inspirationen haben. Von wegen Zeit! Ich sehe sie noch vor mir in unserer großen Küche in Andechs, zwei Kinder an den Beinen und die kleine Lilly im Tragetuch, während sie bis morgens ein Büfett für eine Veranstaltung zauberte.

Wir machten es wie fast alle anderen. Als Mann steuerte ich finanziell den Hauptteil des Lebensunterhaltes bei, zu dem Preis, dass ich meine Familie zwar häufiger als andere Väter sah, die morgens das Haus verließen und abends, wenn die Kinder schliefen, zurückkehrten. Doch ich erlebte sie für meine Vorstellungen noch immer zu wenig, und ins Bett bringen konnte ich sie fast nie. Oder es war zu wenig Zeit, um tolle Sachen miteinander zu machen. Auch mit Diana konnte ich wenig zu zweit unternehmen. Wer würde auf die Kinder aufpassen? Natürlich hatten wir Unterstützung, doch unsere Eltern wohnten weiter entfernt, und es war ein Riesenaufwand, die Kinder zu ihren verschiedenen Freunden zu bringen, was wir eigentlich nur machten, wenn wir gemeinsam einen Termin hatten, nicht um etwas Schönes zu unternehmen. Also alles genauso, wie es in den meisten Familien läuft.

Unsere Nachtgespräche drehten sich nun oft um alternative Lebensformen. Wir waren beide der Meinung, dass die Kleinfamilie keine Zukunft hat. Alle in den Mauern ihrer Häuser, alle in ihren Autos, alle in den Fesseln ihres getakteten Alltags. Dieser getrennte Lebensstil verbraucht auch sehr viele Ressourcen. Diana und ich entwarfen Utopien von alternativen Lebensformen. Wir waren uns einig, dass wir alle enger zusammenrücken sollten, nicht nur physisch, auch im Herzen. Uns anderen Menschen zuwenden, anstatt uns abzuschotten. In einem Wort: teilen.

Die Versuchung

Alle reden immer davon, dass Kinder unsere Zukunft sind und wie wichtig der »Job« der Mutter ist. Trotzdem habe ich als Mutter mit drei kleinen Kindern sehr wenig Anerkennung erfahren. Es ging mir wie so vielen Frauen: Wir hörten auf zu arbeiten, um uns um unsere Kinder zu kümmern – und wurden von der Gesellschaft nicht mehr ernst genommen, die uns aber ständig versicherte, wie wichtig wir wären. Eine super Masche, uns einzulullen, damit wir uns brav weiter vierteilen, um alles zu wuppen. Es hat eine Weile gedauert, bis ich das durchschaut habe.

Manche meiner Bekannten, vor allem bei MTV, überlegten unmittelbar nach ihrem positiven Schwangerschaftstest, wohin sie ihre Kinder nach der Geburt so schnell wie möglich abgeben könnten. Als ich mich entschied, Mutter zu werden – und das ist mir nicht leichtgefallen, weil ich meinen Job liebte –, wollte ich mich um meine Kinder kümmern. Ich würde sie nicht auf die Welt bringen, um sie irgendwohin abzugeben. Krippe, Betreuung, Tagesmutter. Manche meiner Freundinnen haben kurz nach der Geburt wieder gearbeitet und einen Großteil ihres Verdienstes, wenn nicht alles, in die Kinderbetreuung investiert. Ich fand das merkwürdig, während sie von Selbstbestimmung und Freiheit sprachen.

Wir waren uns einig, dass hier etwas nicht stimmte, denn es ging wie so oft auf Kosten der Frauen. Aber gevierteilte Mütter haben keine Zeit, den Kampf für eine gesellschaftliche Veränderung aufzunehmen. Auch die Väter haben keine Zeit, denn oft treibt sie nach der Geburt eine Art Ernährerstress an, sie arbeiten mehr als zuvor. Und so versinken beide, Mann und Frau, in ihrer herkömmlichen Vater- und Mutterrolle. Die Gefahr ist groß, dass sie sich als Paar verlieren, wie die hohen Scheidungszahlen belegen. Auch Percy und ich wären dieser Versuchung fast erlegen, hinter der ein Wunsch nach Sicherheit steht.

Wir hatten unsere sicheren Jobs bei MTV gekündigt, waren von Berlin an den Ammersee gezogen und hatten unser erstes Yogastudio eröffnet. Unsere Einkünfte reichten kaum zum Leben, als Existenzgründer mussten wir vom Ersparten zubuttern. Aber wir waren fest davon überzeugt, dass uns das Studio langfristig ernähren würde. Yoga lag voll im Trend, immer mehr Promis bekannten, dass sie Yoga praktizierten, die ersten Privatkunden buchten uns.

Dann wurde ich schwanger, und es geschahen noch ein paar andere Dinge, die unsere finanziellen Reserven im selben Tempo schrumpfen ließen, wie mein Bauch wuchs. Was tun? Wie würden wir unsere kleine Familie durchbringen? Da flatterte ein hochlukratives Angebot ins Haus. Percy wurde die Produktionsleitung für das damalige Vorzeigeformat *Popstars* von Pro7 offeriert. Wir dankten dem Schicksal und jubelten – gerettet! Dann begannen wir nachzudenken, was dieser Job bedeuten würde. Percy wäre sehr viel unterwegs. Zum Geburtstermin unseres ersten Kindes wäre er beim Drehen in den USA. Wollten wir das? Nein, natürlich nicht. Aber er konnte das Angebot eigentlich nicht ablehnen; er würde dann für immer als unzuverlässig gelten und nie wieder Aufträge vom Sender bekommen. Wir vereinbarten, dass er den Vertrag unterschreiben sollte.

Diana fuhr zur Vertragsunterzeichnung mit mir nach München. Davor saßen wir in einem Café auf der Leopoldstraße und besprachen noch einmal alles. Diana bestellte dreimal hintereinander Eis. Ihr Bauch war eine riesengroße Kugel. Es zerriss mir fast das Herz, wenn ich mir vorstellte, dass ich sie ausgerechnet zur Geburt allein lassen sollte.

»Diana …«, begann ich.

»Ich spür es auch«, sagte sie.

»Es ist falsch, gell.«

»Ja, ich glaub auch, es ist falsch.«

»Dann geh ich jetzt da rein und unterschreib nicht.«

»Deine Entscheidung, Percy.«

»Du wirst sehen, wir schaffen das mit dem Yogastudio.«

»Das glaub ich auch.«

»Aber es kann vielleicht mal hart werden.«

»Wir schaffen das schon. Wir sind ja dann nicht mehr zu zweit, sondern zu dritt. Also noch mehr Power.«

»Es ist verdammt viel Geld.«

»Verdammt viel Geld brauchen wir nicht.«

»Man kann immer irgendwas jobben, wenn es nicht klappt mit dem Studio.«

»Wieso soll es nicht klappen?«

»Ja, das weiß ich auch nicht. Also, dann gehe ich jetzt zum Big Boss und erklär ihm das.«

Und genauso machte ich es, und ich habe es niemals bereut. Wir vertrauten dem Leben … und das Leben sorgte für uns, auch wenn viele Leute das nicht verstanden. »Wie könnt ihr leben, so ohne Sicherheit?«

Hatten wir denn nicht die bestmögliche Sicherheit, wenn es so etwas überhaupt gibt? Unsere Liebe?

Manchmal nachts im Bus redeten wir über diese Zeit kurz vor Lukas' Geburt. Irgendwie fühlten wir uns jetzt wie damals. Wieder hatten wir unglaublich viel aufgegeben … genau genommen das, was wir uns damals so sehr gewünscht hatten: ein florierendes Yogastudio. Aber wir waren schließlich nicht auf der Welt, um zu konsolidieren, sondern um Erfahrungen zu sammeln und daran zu wachsen!

Durch unsere Kinder, die beim Spielen am Strand und wo auch immer auf Spielkameraden trafen, lernten wir andere Erwachsene kennen. Viele Gespräche liefen nach einem immer gleichen Muster ab. Man fragt, woher man kommt, wohin man will und wie viel Urlaub man noch hat. Wer die höhere Zahl nennt, wird beneidet.

Anfangs erzählten wir nicht ohne Stolz, dass wir sozusagen für immer Urlaub hätten. Doch das verlängerte den Small zum Large Talk. Die Gespräche nahmen meistens den gleichen Verlauf, und das fand ich bald öde. So kürzten wir ab, richteten die unendliche Acht auf, tauschten sie gegen eine andere Zahl, meistens eine niedrigere als unsere Gegenüber, damit sie noch mehr Urlaubstage vor sich hatten als wir. Doch manchmal hatten die Kinder schon erzählt, dass wir für immer Urlaub hatten. Dann wurde Musterformular B hervorgekramt mit anderen, aber doch immer gleichen Fragen. Die erste lautet: Wie finanziert ihr das?

Wenn wir dann erklärten, dass man recht wenig braucht, wenn man im Auto lebt, da man ja keine festen Kosten hat, merkten wir oft, dass die Leute das gar nicht wissen wollten. Sie erweckten den Eindruck, lieber hören zu wollen, dass es sehr teuer sei, quasi unmöglich zu finanzieren. Und so haben wir manchmal abgekürzt. »Wir haben geerbt.«

Was zwar eine Lüge war, und damit habe ich Probleme, aber ich dachte dann, zugegebenermaßen ein bisschen kindisch, an den Kochtopf, den mir eine Freundin vererbt hat und der mich somit als Erbin auswies. Nachdem wir in unseren ersten beiden Tagen unterwegs viel zu viel ausgegeben hatten, lernten wir, besser zu planen. Im Grunde ist alles eine Frage der guten Vorbereitung. So googelten wir Schlaf-, Park- und Badeplätze, um nicht in die Verlegenheit zu geraten, dafür zu bezahlen.

Solange die Kinder keine Verlockungen vor Augen hatten, wurden auch keine Bedürfnisse geweckt. Es gab lediglich zwei große Posten: Brennstoff für uns und für den Bus – Essen und Sprit. Ansonsten waren wir erstaunt, wie wenig Geld wir brauchten. Wir hatten nie das Gefühl, uns einzuschränken.

Hin und wieder trafen wir andere, die auch länger unterwegs waren. Manche von ihnen arbeiteten zwischendurch eine Weile, meistens in der Gastronomie, um dann weiterreisen zu können. Das fanden wir als Perspektive für die Zukunft interessant. In Spanien lernten wir eine Schwedin kennen, die alljährlich auf der Wiesn, dem Münchner Oktoberfest, kellnerte und in den gut zwei Wochen so viel Geld verdient, dass sie monatelang davon leben konnte. In Frankreich trafen wir einen jungen Mann, der nach demselben Konzept lebte; er verdingte sich zeitweise auf einer Bohrinsel. Vielleicht würden wir später einmal auf solche Alternativen zurückgreifen. Jetzt im Moment kümmerte uns das nicht. Idealerweise interessierte uns nur der Augenblick. Das Jetzt.

Es gibt genau genommen immer nur einen Moment in unserem Leben, und dieser Moment ist … jetzt, genau jetzt. Alles, was geschieht, geschieht im Jetzt. Im Jetzt können wir etwas verändern und uns entscheiden. In der Vergangenheit können wir nichts verändern, und die Zukunft hat noch nicht begonnen. *Jetzt* läuft das Spiel. *Jetzt* sind wir unterwegs ins unbekannte Ausland. Und sollten wir dort nie ankommen oder irgendwann lieber wieder umkehren in eine bekannte Heimat, würden wir uns dann damit beschäftigen. Aber nicht in diesem Jetzt jetzt.

Viele Leute, die uns befragten, interessierten sich nicht für unser Heute, sondern für unser Morgen.

Wie lange wollt ihr das noch durchziehen?

Was soll denn mal aus euren Kindern werden?

Glaubt ihr wirklich, dass eure Kinder euch einmal dafür dankbar sein werden? Wie sollen die sich später mal zurechtfinden?

Denkt ihr eigentlich an eure Altersvorsorge?

Nicht selten befanden wir uns dann plötzlich in einer Art Verhör. Wildfremde Menschen stellten uns sehr persönliche Fragen. Wir waren an einem Austausch interessiert, doch meistens hatten wir gar keine Chance. Wir bekamen lang und breit erklärt, warum sie es uns nicht gleichtun könnten. Vielleicht, weil sie ihr Haus noch abbezahlen mussten oder erst neulich eine Lebensversicherung abgeschlossen hatten. Weil ihre Kinder gerade in eine neue Schule gekommen waren oder in einen Fußballverein. Weil sie ihren Eltern das Herz brechen würden. Weil man sonst doch nur Probleme im Leben bekommt und weil ja mal was passieren kann. Dabei hatten wir unsererseits gar nicht danach gefragt, und es lag uns fern, sie einem solchen Verhör zu unterziehen. Es war schon seltsam, dass so viele Menschen sich durch unser bloßes Erscheinen genötigt sahen, sich zu rechtfertigen. Ich habe bis heute nicht so richtig verstanden, warum. Denn es war doch ihr Leben, in dem sie sich wohlfühlen sollten, so wie wir uns in unserem. Und nach Wohlfühlen sahen wir doch aus, oder?

Ja, jetzt vielleicht, aber: »Es könnte doch mal was passieren.«

»Was meinst du damit?«

»Ihr könntet krank werden.«

»Das kann zu Hause auch passieren.«

Gelegentlich wurden wir von älteren Leuten angesprochen, die uns mit strahlenden Augen erzählten, dass sie früher auch mal mit so einem oder einem ähnlichen Bus – »Wir hatten seinerzeit einen Hanomag« – durch die Welt gereist seien. Als ehemalige Traveller sahen sie sofort, dass wir keine Urlauber waren, sondern ein Ticket für immer gelöst hatten. Von anderen hörten wir, dass sie bedauerten, das nicht getan zu haben, obwohl sie es sich immer gewünscht hätten. »Irgendwie haben wir nie den richtigen Zeitpunkt erwischt.« Oder: »Letztlich haben wir es uns nicht getraut.«

Wir gewöhnten uns daran, solche Geschichten immer wieder erzählt zu bekommen, obwohl wir nie danach fragten – als würde unser Anblick bei manchen Menschen etwas tief Verborgenes wecken. Für einige waren wir einfach eine Erinnerung an einen längst vergessenen Traum. »Wenn ich euch so ansehe«, sagte einmal ein neugieriger Achtundachtzigjähriger kurz vor Nizza zu uns – der später noch den Sonnengruß lernen wollte, was daran scheiterte, dass er sich nicht bücken konnte –, »hätte ich Lust, ebenfalls loszufahren.«

»Wer hindert Sie daran?«, fragte ich ihn.

Er überlegte eine Weile, dann sagte er: »Nur ich selbst.« Ein weiser Mann.

Kleine Glücks

Das große Glück setzt sich zusammen aus vielen kleinen Glücks … und die wuchsen im unbekannten Ausland auf der Straße. Allein das Aufwachen am Morgen. Voller Neugier aus dem Fenster schauen: Wo sind wir eigentlich? Ui, da drüben ist ein Fußballplatz. Flugs den Ball geschnappt und raus zum Bolzen. Ein Ball am Morgen vertreibt Kummer und Sorgen! Tor!!!

Allmählich kamen wir an. Wir fuhren weniger, blieben ein paar Tage, wo es uns gut gefiel. Wir versäumten ja nichts. An jedem Ort waren wir richtig, weil wir jetzt dort waren. Viele Stunden kamen uns vor wie Perlenketten voller Glücksmomente. Das Lachen der Kinder, es perlte tatsächlich in unseren Ohren. Ihre Fragen und Scherze, unser Beisammensein, die Spiele und auch das Nichtstun, das Einfach-da-Sein, miteinander. Wir waren unendlich dankbar, auch weil die Kinder so gesund waren. Es hätte ja sein können, dass sie das Reisen nicht vertrugen. Doch diesbezüglich waren sie wohl schon abgebrüht.

Vor allem Simon. Er war noch kein Jahr alt, als wir das erste Mal mit ihm nach Indien flogen. Am Flughafen von Neu-Delhi setzten wir ihn kurz auf einer Decke ab, um etwas im Gepäck zu suchen. Fünf Sekunden vielleicht drehten wir ihm den Rücken zu – und bekamen dann beide fast einen Herzinfarkt, als wir sahen, dass er sich als Reinigungskraft nützlich machte. Mit seinem Schnuller rubbelte er über den vor Dreck starrenden Boden. Gleichzeitig spurteten wir los, doch da steckte er den Didi schon in den Mund und nuckelte. Wir rechneten mit dem Schlimmsten – das aber nicht eintraf. Vielleicht hat er sich damals gegen alle Reisekrankheiten geimpft.

An einem wunderschönen Strand in Südfrankreich – Pinien, Felsen, wundervolle Kieselsteine – spannten wir die Hängematte auf und ließen es uns gut gehen. Zum ersten Mal buk ich Geburtstagsmuffins, und der Faltbackofen hielt, was die Gebrauchsanleitung versprach. Wie hatte ich gezitterte, denn ich konnte ja nicht reinschauen, ob mein Plan aufging. Unser erster Kindergeburtstag an Bord wurde ein voller Erfolg, obwohl die Freunde der Kinder fehlten. Fehlten sie wirklich? An den Stränden spielten Kinder zuhauf, und sie hatten ja sich, sie waren zu dritt, zu viert mit Dschinn, der gleichzeitig einer von ihnen und ihr Aufpasser war.

Mobile Küche

Mittlerweile hatte ich mich an den begrenzten Platz in meiner Küche gewöhnt, die Handgriffe saßen, und ich tanzte durch die Rezepte, wie früher in Andechs. Zwischendurch schaute ich aus dem Fenster, sah das Meer, die Kinder, Percy oder irgendetwas anderes, verharrte einen Moment und genoss einfach. Für mich bedeutet Lebendigkeit Sinnlichkeit. Sehen, Schmecken, Riechen, Spüren, Hören. Unsere Sinne ermöglichen uns das wundervolle Abenteuer namens Leben. Mit unseren Sinnen nehmen wir kleinste Veränderungen sofort wahr. Da wachen sie auf, wir wachen auf. In meinem alten Alltag hatte ich mir oft gewünscht, das Tempo zu drosseln. Es gab so viel, was ich gern näher untersucht oder einfach nur betrachtet hätte. Das Auto anhalten und die Wolkenbilder über dem See anschauen. Länger mit einer Nachbarin ratschen. Vor einem Haus stehen bleiben, in dem jemand Klavier spielt, oder vor einem Fenster, aus dem leckerer Kuchenduft weht. Kleinigkeiten, aber sind nicht sie es, die uns zum großen Glück lotsen?

Doch ich hatte keine Zeit, der Fährte zu folgen, meistens war ich früher irgendwohin unterwegs. Kinder abholen, einkaufen, Termine …

Jetzt hatte ich Zeit. Ich blieb stehen und schaute, schnupperte und staunte. So reich war ich niemals zuvor gewesen. Und auch meine Küche wurde immer reicher; ich hatte viel Muße zum Experimentieren und große Freude an den landestypischen Erzeugnissen, die unseren Speiseplan veränderten. In Spanien, Frankreich, Portugal und Italien gab es kaum Bioläden, wie wir es von Deutschland kannten. So kauften wir vor allem auf Bauernmärkten ein. Es war herrlich, mit all den

Menschen, die unser Essen gesät und geerntet hatten, ins Gespräch zu kommen, eine großartige Inspiration für mich, die mich oft mit Dankbarkeit erfüllte. So vermieden wir auch Plastikverpackungen. Ich finde es schrecklich, wenn Lebensmittel in Plastik erstickt werden. Da kann ich gar keinen Kontakt aufnehmen. Ja, ich bin eine von diesen fürchterlichen Menschen, die Obst und Gemüse betasten. Ich muss doch wissen, mit wem ich es zu tun habe. In gewisser Hinsicht frage ich: Bist du die richtige Aubergine für uns? Ich mache mir bewusst, was ich da in meinen Händen halte. Ich wasche einen Apfel und sehe einen Baum vor meinem inneren Auge. Ich betrachte die kleinen Blüten einer Holunderdolde. Ich bewundere das leuchtende Rot einer Himbeere. Die Petersilie entfaltet ihren Duft. Ich spüre die holprige Oberfläche einer Karotte. Sie alle sind es, die uns das Leben ermöglichen, die uns so wundervoll ernähren, dass wir atmen, riechen, schmecken, sehen, hören, fühlen können. Und außerdem sind sie ein Genuss. Ich liebe es, zu essen, und ich liebe die Gerüche, die sich beim Zubereiten entfalten. Da ist es doch nur natürlich, dass ich die Zutaten achtsam behandle und niemals Essen wegwerfe, niemals!

Im Auto hatten wir sehr wenig Platz, der Kühlschrank war klein. Das veränderte mein Einkaufsverhalten noch einmal. Früher habe ich sehr viel Wert darauf gelegt, Lebensmittel ihren Vorlieben nach aufzubewahren – also beispielsweise Salat und Tomaten getrennt voneinander lagern, Tomaten geben viel Ethylen ab, ein Hormon, das den Reifeprozess beschleunigt. Gemüse außer Auberginen, Tomaten, Kartoffeln und Kürbis fühlt sich im Kühlschrank wohl. Doch für Gemüse war gar kein Platz im Kühlschrank. Und auch das Trockensortiment wie Reis, Mehl und so weiter konnte ich nur in kleinen Mengen vorrätig halten. Also mussten wir öfter einkaufen, und da wir die großen Supermärkte mieden, lernten wir viele nette Menschen kennen, die mich oft zu neuen Rezepten inspirierten. Es war nicht umständlich, sondern anregend.

Umständlich wäre es gewesen, am Alten festzuhalten und sich auf die Suche nach aus Deutschland gewohnten Produkten zu machen. Doch mich interessierten landestypische Gerichte wie zum Beispiel die Paella. Wie würde sie vegan schmecken, wie könnte ich das hinkriegen? »Lecker!«, riefen die Kinder und Percy, und mein Herz ging auf wie ein Soufflé. In Spanien wird traditionell sehr viel Reis gegessen, und die Avocados sind himmlisch. Ruck, zuck hatte ich ein paar neue Ideen. Wenn ich jetzt noch meinen Mixer zur Hand gehabt hätte …

Endlich hatte ich auch Zeit, mich mit der Herkunft der Lebensmittel zu befassen. Warum zum Beispiel stammten die Mangos in Portugal aus Brasilien anstatt von den Kanarischen Inseln, das wäre doch viel näher. Nun, Brasilien war einst eine portugiesische Kolonie – es besteht ein Handelsabkommen. Wenn man sich ein wenig mit dem Thema beschäftigt, entdeckt man Zusammenhänge, die einem den Appetit verschlagen könnten. Dafür esse ich allerdings viel zu gern, deshalb kaufe ich unbedingt »sauber« ein – Produkte, für die weder Menschen noch Tiere leiden mussten, die nicht chemisch behandelt und nicht in Plastik oder anderweitig ressourcenverschwendend verpackt sind.

Da mir der Mixer fehlte, musste ich mir auch Alternativen zu unseren geliebten Brotaufstrichen einfallen lassen. Lecker war beispielsweise der Hummus, den ich mit meiner manuellen Küchenmaschine zubereitete. Die eingelegten Kichererbsen bekam ich auch damit gut klein.

Hummus

1 Glas eingelegte Kichererbsen (ca. 350 g)
1 Knoblauchzehe
1,5 EL Zitronensaft
2 EL Tahin

3 EL Olivenöl
Salz, Pfeffer und Cumin nach Geschmack

Die Kichererbsen in einem Sieb abtropfen lassen. Die Knoblauchzehe fein hacken. Alles zusammen in dem kleinen Handmixer mit ordentlich Kraft durchmixen, bis eine homogene Masse entsteht.
Mit Salz, Pfeffer, evtl. Cumin abschmecken.

Der Hummus kam so gut an, dass ich mit dem Gedanken spielte, ein veganes Kochbuch für Reisende zu schreiben. Veganes Essen bedeutet keine Einschränkung, sondern eine Bereicherung und ist ohne großen Aufwand schnell zubereitet.

Essen ist Medizin. Was gönnen wir unserem Körper? Woher stammt unser Essen? Was ist genau drin? Die Antworten lassen mich im Fall von Fleisch liebend gern verzichten – und ich habe es früher gern gegessen, wie auch Käse. Doch ich bringe keinen Bissen mehr runter, in dem so viel Leid steckt. Wir Menschen haben uns lange dagegen gewehrt, anzuerkennen, dass Tiere fühlen wie wir. Sie können sich freuen und traurig sein wie wir – und sie können Angst haben. Ganz entsetzliche Angst. Die hätte ich auch, wenn ich merken würde, dass gleich etwas Schlimmes passiert. Und ich könnte nicht weg, wäre angebunden, gefesselt, würde vielleicht brutal getrieben, in den Tod geprügelt, hätte Schmerzen, die anderen um mich rum, meine Brüder und Schwestern, brüllten in Todesangst. Panik würde durch meinen Körper fluten. Möchte ich diese Energie in mich aufnehmen? Möchte ich mir den Geschmack der Angst zuführen? Meine Zellen mit Qual auffüllen? Nein, nein, nein! Ich versuche nach meinem wichtigsten Mantra zu leben: *Om Lokah Samasta Sukhino Bavantu* – mögen alle Wesen glücklich und zufrieden sein, und mögen alle meine Gedanken, Worte und Taten dazu beitragen.

Vegan leben ist auch eine vernünftige Entscheidung. Um 1 Kilo Fleisch zu erhalten, sind 16 Kilo Getreide erforderlich sowie 15 000 Liter Wasser, während für 1 Kilo Weizen »nur« 1300 Liter Wasser verbraucht werden. Übrigens erleidet man keinen Mangel, wenn man auf tierische Lebensmittel verzichtet. Proteine zuhauf schenken uns Bohnen, Nüsse, Tofu, Kichererbsen, Brokkoli, Kartoffeln, Hülsenfrüchte und viele andere pflanzliche Lebensmittel. Auch Eisen ist reichlich vorhanden in pflanzlichen Lebensmitteln. Man kann alles gut ersetzen. Wem es trotzdem an irgendetwas mangelt, der kann mit Nahrungsergänzungsmitteln ausgleichen.

Im Falle von Käse war es anfangs kein leichter Weg für mich. Ich liebe Käse! Aber Käse ist vegan nun mal nicht zu ersetzen, und wenn ich abwäge, fühle ich mich langfristig im Einklang mit meiner inneren Überzeugung besser, anstatt mich kurzfristig dem Genuss eines Käsestückes hinzugeben.

Liebevoller Umgang fängt bei einem selbst an. Man möchte achtsamer mit Tieren umgehen und prügelt sich dabei vom Käse weg? Eine solche Entweder-oder-Haltung führt langfristig nicht zur Zufriedenheit. Denn wenn ein Mensch sich alles versagt, was ihm in den letzten Jahren und Jahrzehnten gut geschmeckt hat – oder wenn er auf Gewohnheiten verzichtet, die ihm ein Gefühl der Behaglichkeit und Geborgenheit schenken –, wie soll er das »durchhalten«? Es geht nicht um Konsequenz um jeden Preis, sondern um die freiwillige Entscheidung zu einem bewussteren Leben. Und das beginnt man am besten Schritt für Schritt. Behutsam. Egal, ob das die Ernährungsumstellung betrifft oder einen Vorsatz wie: *Ich mach jetzt Yoga.* Lieber einmal in der Woche ins Yogastudio, statt sich unter Druck zu setzen mit überhöhten Erwartungen, die man gar nicht erfüllen kann: Dreimal ins Studio und jeden Morgen nach dem Aufstehen neun Sonnengrüße. Die schaffte ich übrigens auch im unbekannten Ausland nicht täglich.

»Papa, was sind das für komische Dinger?«, fragten die Kinder.

»Muscheln«, antwortete ich.

»Und warum hängen die hier überall rum?«

Ja, sie hingen wirklich überall rum, an Laternenpfählen, Straßenecken, in Cafés und an der Tourist Information. Oft aus Plastik, rundum hässlich. Während ich überlegte, fiel der Groschen. Natürlich – Jakobsmuscheln, der Jakobsweg! Wir waren ganz dicht dran an Santiago de Compostela. Ich erklärte den Kindern die Bedeutung eines Pilgerpfades und schloss: »Früher sind die Leute von ihrer Haustür aus losgegangen.«

»Also wie wir.«

Verblüfft nickte ich. »Ja, das stimmt eigentlich.«

»Sind wir auch Pilger?«

»Ich glaube, nicht im herkömmlichen Sinn. Aber Diana und ich wollten den Jakobsweg früher einmal gemeinsam gehen von Anfang bis Ende.«

»Warum habt ihr es nicht gemacht?«

»Weil die Mama immer, wenn wir Zeit gehabt hätten, schwanger war.«

»Aber jetzt doch nicht.«

»Nein, jetzt nicht.«

»Dann können wir doch alle zusammen pilgern, oder?«

Ja, warum eigentlich nicht? Und wer sagt, dass man Hunderte von Kilometern gehen muss? Wir würden uns mit dem Zieleinlauf begnügen.

»Da kriegen wir bestimmt keinen Parkplatz«, entfuhr es Diana, aber sie besann sich, lachte: »Okay, alles klar.« Ich hatte natürlich längst einen bestellt. Der wurde auch geliefert, und so konnten wir von unserer »Haustür« aus die letzten 1008 Meter des Jakobswegs laufen. Danach schliefen die Kinder, als wären sie wochenlang unterwegs gewesen. Diana und ich zogen uns auf die Dachterrasse zurück. »Wenn du jetzt wieder schwanger bist, dann wird das mit dem Pilgern nie was«, lachte ich leise.

Nach dem Frühstück am nächsten Morgen stellten die Kinder viele Fragen zu Vögeln, weil um unseren Bus zahlreiche Enten schwänzelten. Etwas später konnten sie sich kaum losreißen vom Anblick der weinenden Menschen, die sich in die Arme fielen.

»Papa, warum machen die das?«

»Weil sie am Ziel sind. Manche waren wochenlang unterwegs bis hierher.«

»Haben wir auch ein Ziel?«

»Unser Ziel ist der Weg.«

»Welcher Weg?«

»Unser Lebensweg.«

»Haben alle Menschen den gleichen?«

»Im Prinzip schon. Sie wissen es nur oft nicht.«

»Und wir?«

»Du meinst als Familie?«

Dreifaches Nicken, Locken wippten.

»Jetzt im Moment schon. Später, wenn ihr mal groß seid, trefft ihr eure eigenen Entscheidungen.«

Lukas: »Das kann ich kaum erwarten.«

Simon: »Ich fahr lieber mit dem Rad.«

Lilly: »Ich bleib immer bei dir, Papa.«

Lukas: »Dann bleib ich bei Mama.«

Simon: »Wenn man Weg ganz schnell sagt, ist er weg.«

Lukas: »Wie, weg?«

Simon: »Weil das doch die gleichen Buchstaben sind.«

Lukas: »Angeber!«

Lilly: »Papa, mein Weg geht aber nicht weg. Ich bleib bei dir.«

Diana: »Essen ist fertig.«

Und weg waren sie.

In dieser Nacht kam der Regen. Sogar die Kinder wachten von dem starken Prasseln auf der Dachterrasse auf. Wir zündeten eine Kerze an und lauschten dem Konzert. Seit fast drei Monaten waren wir nun unterwegs, und es hatte in keiner Nacht geregnet. Tagsüber waren wir manchmal durch Gewitter gefahren. Diesmal donnerte und blitzte es nicht, es regnete nur, auch noch am nächsten Morgen, und zwar kräftig.

»Das tut der Natur gut«, sagte Percy mittags und abends. In der Nacht regnete es weiter und am nächsten Morgen noch immer. Allmählich wurden die Kinder unleidig und wir auch, ohne unser vorgelagertes Wohnzimmer. Alle paar Minuten riss einer die Tür auf und schaute in den Himmel. Aber er war und blieb grau. Die großen Tropfen platschten trostlos. Zu fünft mit Hund im Auto ... das war auf die Dauer keine Freude. Da sich unsere Vorräte unter der Sitzbank befanden, mussten alle aufstehen, wenn ich beim Kochen etwas brauchte, und sich sofort wieder hinsetzen. Man konnte ja nicht einfach irgendwo rumstehen, jeder musste auf seinem Platz verharren.

Ein Tiefdruckgebiet hatte sich über den Süden gebreitet. Wir konnten versuchen, wenigstens in eine trockene Zone zu gelangen, doch die Aussichten für die nächsten sieben Tage waren alles andere als rosig.

Und damit änderte sich alles. Es faszinierte mich, als wie wetterabhängig wir uns erwiesen. Klar hatte ich das gewusst; Wetter beeinflusst die Stimmung der meisten Menschen, meine auch. Doch dass sich die Stimmung bei Regen im Bus zu so einer schwarzen Wolke zusammenballen konnte, überraschte mich dann doch. Wir hatten nicht genug Platz, damit es sich alle gemütlich machen konnten. Die Kleinen waren noch keine Leseratten. Die Luftfeuchtigkeit im Bus lag wegen unserer nassen Klamotten bei schätzungsweise 80 Prozent. Die Scheiben waren beschlagen, es war dampfig und ungemütlich, außerdem kalt. Nach einer Weile waren alle Spiele gespielt. Dschinn sprang aufs Bett und hinterließ eine Dreckspur. Simon stieß an das Glas mit den Cornflakes, das irgendjemand nicht zugeschraubt hatte. »Ich war's nicht«, rief Lukas und war dann beleidigt, obwohl niemand ihn bezichtigt hatte. Lilly weinte aus unerfindlichen Gründen, mutmaßlich Langeweile. Percy versuchte die Kinder aufzumuntern, scheiterte und hatte dann auch schlechte Laune. In Andechs hätten wir uns jetzt einfach getrennt. Die Kinder in ihre Zimmer, ich wäre vielleicht eine Runde mit Dschinn marschiert, Percy hätte Gitarre gespielt oder Nudeln mit Tomatensoße gekocht. Im Bus waren wir uns auf Gedeih und Verderb ausgeliefert. Und es regnete und regnete und regnete.

Zum ersten Mal, seit wir unterwegs waren, dachte ich ausgiebig an unser schönes Haus in Andechs. Aber es half ja nichts. Jetzt war der Bus unser Zuhause.

Wir beriefen einen Familienrat ein und erklärten den Kindern, dass es auch in uns ein Wetter gibt, über das wir allerdings selbst bestimmen können. Das fanden sie super, dann fanden wir es auch super, also so super, wie wir vorgegeben hatten. Wir zogen uns an und stapften durch den Regen und hatten wirklich Spaß. Bis wir wieder im Bus hockten. Es war nun noch feuchter und ekliger, und als Dschinn sich schüttelte, spritzte der Dreck bis zur Wagendecke. »Warum hat niemand den Hund sauber gemacht?«, schimpfte ich. Und, schwupps, waren wir da, wo wir Stunden vorher aufgebrochen waren. Stimmung ist launisch. Dies war ein Notfall, und da gab es nur eine Lösung. Ich schickte alle noch mal nach draußen und zum Einkaufen und machte mich ans Werk. Abermals ließ mich der Faltbackofen nicht im Stich. Die Feuchtigkeit saugte den Duft auf, und als meine Lieben wiederkamen, empfing sie ein Seelentröster.

Apfelkuchen Hoch

Zutaten für 4 Personen
250 g Dinkelmehl
1 Päckchen Backpulver
1 TL Vanille
1 Prise Zimt
140 g Rohrohrzucker
180 g weiche Margarine (Alsan)
1 Prise Salz
200 ml Pflanzenmilch
1 EL Zitronensaft
2 große saure Äpfel
Zitronensaft für die Äpfel
2 EL gehobelte Mandeln

Eine Springform fetten und mit Backpapier auslegen. Den Backofen auf 170 °C / Ober-/Unterhitze vorheizen.
In einer Schüssel das Mehl mit Backpulver, Zimt und Vanille mit einem Schneebesen vermischen. In einer zweiten Schüssel die weiche Margarine mit dem Rohrohrzucker und dem Salz mit einem Handrührer schaumig schlagen. Stehen lassen.
Die Äpfel schälen, das Kerngehäuse entfernen, vierteln und mit dem Messer in mittelgroße Stücke schneiden; mit etwas Zitronensaft und viel Liebe beträufeln.
Die Sojamilch mit 1 EL Zitronensaft mischen und gründlich mit dem restlichen Teig verrühren. Zwei Drittel des Kuchenteigs in die vorbereitete Springform geben, dann die geschnittenen Äpfel obendrauf verteilen und mit dem restlichen Teig bedecken. Zuletzt die gehobelten Mandeln gleichmäßig darauf verteilen.
Die Kuchenform auf mittlerer Schiene ca. 55 Minuten backen. Zu Beginn mit Backpapier abdecken, das nach ca. 25 Minu-

ten entfernt wird. Nach ca. 45 Minuten mit einem Zahnstocher testen, ob noch Kuchenteig am Spieß hängen bleibt. Wenn nicht – raus damit. Danke sagen in die süße, heiße Apfelkuchenwolke beim Öffnen des Herds.

Ja, ich sagte Danke, weil es dann noch so ein gemütlicher Tag wurde, fast schon saugemütlich. Wir spielten alle Spiele von vorne, unterhielten uns und störten uns nicht daran, dass die feuchten Klamotten überall rumhingen. Doch als die Kinder in ihren Betten lagen, war uns klar, dass wir das morgen nicht noch mal hinkriegen würden, so viel Apfelkuchen konnte ich gar nicht backen. Die Luft im Bus war tropisch; wenn wir die Fenster öffneten, zog es; der nasse Hund stank, und es regnete und regnete und regnete. Wir googelten überdachte Schwimmbäder, Museen, Kletterhallen auf dem Weg an die Sonne. Vermutlich würden wir länger fahren müssen. »Wenn das Wetter nicht passt, wird es passend gemacht«, sagte Percy.

Als die Kinder am nächsten Morgen aufwachten, hatten wir schon 200 Kilometer Richtung Westen zurückgelegt. Es regnete noch immer, aber sie fanden, dass es anders klang. Weniger stark und weicher. Percy und ich nickten bestätigend, obwohl es schüttete wie überhaupt noch nie.

»Wenn es gar nicht mehr geht, mieten wir uns eine Ferienwohnung«, sagten wir zu den Kindern.

Aber sie wollten lieber im Bus bleiben.

»Dann dürft ihr aber auch nicht jammern, wenn wir heute noch ein großes Stück fahren.«

Sie versprachen es, und wenn ein Kind sich beschwerte, erinnerten es seine Geschwister an das Versprechen. Für Percy und mich waren diese Regentage eine Bestätigung der Theorie, dass wir irgendwo überwintern mussten, wo es warm war. Wir wälzten Klimatabellen und schoben Breitengrade hin und her. Schließlich einigten wir uns auf Südspanien oder Südportugal.

»Oder eben Ibiza«, sagte ich. Das war unser nächstes Ziel, weil Percy dort ein Seminar geben würde.

»Oder gleich rüber nach Afrika. Tunesien oder so. Wir müssen uns nicht auf Europa begrenzen«, meinte er.

»Nein, müssen wir nicht«, bestätigte ich, aber ich hatte tatsächlich noch nie über Europa hinausgedacht. Es blieb spannend! Der Gesprächsstoff ging uns nicht aus. Wie gingen wir damit um, wenn wir mal schlecht drauf waren? Mussten wir eigentlich dauernd und ständig total glücklich sein? Oder würden wir damit nicht den Spielregeln der Leistungsgesellschaft folgen, wenn auch nicht mit Leistung, sondern mit Zwang und Druck zum Glücklichsein: eine Glücksleistungsgesellschaft? Wir sind doch Menschen und bestehen aus Hormonen und Launen und Unterzucker, oder es zwickt mal irgendwo im Leib, in der Seele, tausend Kleinigkeiten bestimmen die Stimmung, auch die Gene. Während ich ein Menschenrecht auf schlechte Laune vertrat, schwenkte Percy unermüdlich optimistisch die Fahne der guten Laune. Und dafür liebte ich ihn ja auch. Womöglich hatte ich in unserer Familie den Job als Bedenkenträgerin. Aber vielleicht war das auch das Muttergen.

Jedenfalls kannten wir uns lange genug, um nicht mehr zu versuchen, uns gegenseitig zu überzeugen. Es gab einfach ein paar grundsätzliche Unterschiede zwischen uns. Wir würden den Kindern beide Alternativen vorleben, und eines Tages würden sie ihre eigenen Entscheidungen treffen. Am wichtigsten war es, dass wir ihnen Toleranz und Respekt im Umgang mit anderen Meinungen vermittelten. Denn das ist das wirklich Spannende am Leben. Wenn alle das gut finden, was ich auch gut finde – wie langweilig wäre das!

Dritte Etappe

Unterwegs in der Schule des Lebens

Abrahams Wurstkessel

Wie einen Kleinwagen lenkte ich unseren Schwertransporter durch die Riesenstadt Barcelona. Auch Diana
fädelte ihn mittlerweile elegant durch enge Gassen; längst waren uns die sieben Meter in Fleisch und Blut übergegangen.
Die Jungs freuten sich auf Barcelona, weil hier Messi spielte,
einer ihrer Stars. Sie waren fest davon überzeugt, dass wir ihm
irgendwo begegnen würden, und spähten in jede Limousine.
Alle paar Minuten rief einer: »Da ist er!«

Doch dann bekamen wir eine rote Karte; wir standen im
Stau. Nach einer Weile machten wir es wie viele andere und
stiegen aus. Wir hörten, dass ein Stück weiter vorne für die Unabhängigkeit Kataloniens demonstriert wurde. Das interessierte Lukas brennend, und so machten wir uns schlau. Diesmal
nicht nur via Google. Wir trafen einen älteren Katalanen, der
vor Jahrzehnten in Duisburg gearbeitet hatte und sich freute,
mal wieder deutsch zu sprechen. Sein Geschichtsunterricht
war so abenteuerlich, dass uns erst durch wildes Hupen der
hinter unserem Bus Wartenden klar wurde, dass wir nun den
Stau verursachten.

Für Barcelona hatten wir diesmal leider nur wenig Zeit. Ich
freute mich vor allem auf den Park Güell von Antoni Gaudí
und Diana auf die Fundació Joan Miró. In drei Tagen sollten
wir auf Ibiza sein. Diesmal war ich nicht nur als Yogalehrer im
Einsatz: Diana und ich fungierten als Reiseleiter und wollten
uns rechtzeitig davon überzeugen, dass die gemietete Finca
sich im vereinbarten Zustand befand. Am Hafen schickten wir
Lukas und Simon los, um Informationen zu beschaffen – wann
läuft die Fähre aus, was kostet sie. Selbstverständlich blieben

wir in der Nähe und waren dann sehr stolz, als die Jungs mit einem Prospekt in der Hand strahlend zurückkehrten. Auf Englisch hatte sie die nötigen Informationen besorgt; Lukas konnte auch ein paar Brocken Spanisch und noch mehr Französisch. Außerdem waren die beiden sehr flink in der internationalen Verständigung mit Händen und Füßen.

Als Nächstes stand Kopfrechnen an. Diana und ich kamen einfach nicht drauf, wie teuer die Überfahrt werden würde. Wir waren ja zu fünft, aber Lilly war noch keine sechs Jahre alt … Und das Auto wog vier Tonnen … War jetzt im September noch Hauptsaison? Die Köpfe von Lukas und Simon rauchten, und wieder strahlten sie, als sie herausfanden, wie viel wir zu berappen hätten. Im Kopfrechnen waren sie fix, denn beim Einkaufen machten wir ein Spiel daraus, alles zusammenzuzählen. An der Kasse stand dann der Gewinner fest. Lilly rechnete auch gern, aber eher beim Kniffeln und immer zu ihren Gunsten. Um den Dreisatz für die Jungs attraktiv zu machen, interessierte ich mich sogar für den Spritverbrauch unseres Busses, den ich ehrlich gesagt lieber nicht gewusst hätte.

Alles, was die Kinder wirklich wissen wollten, begriffen sie blitzschnell. Neugier und Begeisterung verwandelten sie in aufmerksame Schüler. Wenn sie keinen Nutzen in einem Wissen für ihre Welt erkannten, ging nichts in ihre Köpfe rein. Also mussten wir ihnen den Lehrstoff, den wir ihnen unterschmuggelten, schmackhaft machen. Womit wir im Übrigen genau das umsetzten, was Pädagogen, Psychologen, Philosophen, Mediziner fordern – und auch Gehirnforscher wie Professor Gerald Hüther. Seiner Meinung nach bildet unser Schulsystem keine Menschen aus, sondern Maschinen, die stumpfsinnig auswendig lernen: »Lernen muss unter die Haut gehen – wenn es das nicht tut, dann merkt sich das Hirn nix.« Albert Einstein wusste das schon im letzten Jahrtausend: »Lernen ist Erfahrung. Alles andere ist Information.«

Wenn Diana und ich uns für etwas interessierten und das sehr auffällig zelebrierten, wurden die Kinder hellhörig. So erinnerten wir uns an die Eröffnungshymne der Olympischen Spiele 1992 in Barcelona, gesungen von Freddie Mercury und Montserrat Caballé. Von hier unternahmen wir einen Exkurs über Opern zu den Olympischen Spielen von der Antike bis in die Neuzeit und frischten unser eigenes Wissen auf, waren selbst begeistert, steckten die Kinder an, beantworteten ihre Fragen mithilfe des Internets. Wie viele Bücher hätten wir an Bord gebraucht, um das zu ersetzen? Der Bus wäre zusammengebrochen unter dieser Last! Schließlich erzählten wir den Kindern, wo wir 1992 waren, als sie noch in Abrahams Wurstkessel schwammen, wie das bei meiner Oma hieß, die, wie man leicht hört, keine Veganerin ist.

Diana war fünfzehn, hatte ihren ersten Freund, war Punkerin und liebte die Toten Hosen und NOFX. Percy war sechzehn, hatte seine zehnte Freundin, fuhr Vespa, hörte Rap und liebte Public Enemy.

Am ersten Morgen in Barcelona war die Wasserpumpe kaputt. Was in Deutschland kein Problem gewesen wäre – man fährt zu einem Baumarkt seines Vertrauens –, erforderte nun komplizierte Recherchen in einer Fremdsprache und Erfindungsreichtum. Für die Kinder war das wie eine Schnitzeljagd. Vier Mal wurden wir weitergeschickt, bis wir in einem Segelladen am Hafen landeten und unser Ersatzteil aus den Augen verloren, so interessant waren die ausgestellten Utensilien. Während Simon und Lukas diverse Werkzeuge musterten, interessierte Lilly sich für Knoten. Und alle zusammen wollten segeln. Sofort.

»Können wir den Bus gegen ein Boot tauschen?«

»Unseren tollen Bus?«, rief ich fassungslos, während ich schon dachte: Warum eigentlich nicht?

Wobei sich diese Frage ganz einfach beantworten lässt: Wir

können nicht segeln. Ich kann bloß Stand-up-Paddeln, und selbst wenn mir auf dem Brett ein Kopfstand gelingt, heißt das nicht, dass ich meine Familie sicher übers Wasser schippern würde.

Wie überall auf der Welt gab es auch in dem Segelladen in Barcelona einen freundlichen Menschen, der den Kindern alle Fragen beantwortete. Der sich zu ihnen hinunterbeugte, ihnen Werkzeug in die Hand gab und Lilly einen einfachen Seemannsknoten zeigte. Der uns dann sogar noch zur Besichtigung eines alten Holzsegelbootes einlud. Die Kinder durften mal am Ruder drehen und alles anfassen. Die Verständigung erfolgte mit Händen und Füßen und ein paar Brocken Englisch und vor allem: von Mensch zu Mensch, von Herz zu Herz. Sobald es technisch wurde, sollten Mama und Papa übersetzen. Ob ein Segelboot auch einen Motor hat. Wie schnell man segeln kann. Und was passiert, wenn man ins Wasser fällt – nichts, weil man eine Schwimmweste trägt.

Von diesem Tag an zog Lilly, die noch nicht sicher schwimmen konnte, ihre Schwimmflügel ohne Protest an. Erst konnten wir es uns gar nicht erklären, es war immer ein Kampf gewesen – bis uns der Besuch im Segelladen einfiel. Der hatte alle drei Kinder so stark beeindruckt, dass unser Bus vorübergehend zum Schiff wurde und, wen wundert's, wir zu Piraten.

Piraten

Ja, sie sahen wirklich ein bisschen aus wie Piraten, wenn sie morgens verstrubbelt aus der Kajüte auf Rädern krochen, während ich in der Kombüse das Frühstück zubereitete. Unser Kapitän Percy beobachtete von der Brücke aus den Horizont. Der erste Offizier Dschinn überprüfte akribisch die Disziplin der Mannschaft und beseitige Essensreste unter den Kojen. Die wichtigste Person an Bord, so der Kapitän, war jedoch die Küchenchefin, deren Befehlen die Schiffsjungen jederzeit Folge zu leisten zu hatten.

Aye, aye, Sir!

Ich weiß gar nicht mehr, wie viele Tage – oder waren es Wochen? – wir auf den Weltmeeren segelten. Es wurden Seemannslieder gesungen, wir bastelten Schiffe, berechneten Flächen für unsere Segel oder wie viel wir für die nächste Etappe – nach Madagaskar! – proviantieren mussten. Ja, auch, wo das überhaupt lag und wie wir es verhindern konnten, die Pest an Bord zu bekommen, wenn in den Fässern doch schon das Wasser faulte.

In Wirklichkeit befand sich unser erster Hafen auf einem Campingplatz in Barcelona. Wenn ich meine drei Piraten manchmal mit anderen Kindern verglich, wirkten sie ein klein wenig verwildert mit ihren dichten Locken und der gebräunten Haut. Sie bewegten sich anders als die anderen Kinder, irgendwie freier, ungezwungener – oder bildete ich mir das ein? Ich war nicht nur stolz auf sie, weil sie so selbstständig geworden waren, manchmal hatte ich auch ein schlechtes Gewissen. War ich wirklich eine gute Mutter, wenn ich sie nicht dreimal täglich kämmte? Und sie nicht die Kleidung wechseln hieß, sobald sie schmutzig waren? Aber dann hätten sie sich mehrmals am Tag umziehen müssen – und wozu? Oder sie anhalten, die Fingernägel zu reinigen, wenn sie Sandburgen gebaut hatten. Nein, es genügte, das abends zu tun, vor dem Schlafengehen. Wenn ihnen schon beim Abendessen die Augen zufielen, bestand ich nur auf das Zähneputzen und Füßewaschen.

Schmutzige Bettwäsche kann ich nicht ausstehen. Es war schlimm genug, dass Dschinn immer wieder mal in ein Bett sprang, weil er seine Ruhe haben wollte. Es war ja so wenig Platz im Bus. Wenn wir einen Waschsalon aufgesucht hatten und danach die Betten frisch bezogen, fühlte ich mich immer herrlich. Aber dann! Entdeckte ich Simons schwarze Sohlen, die aus dem Bett ragten. Wie hatte er die bloß an mir vorbeigeschmuggelt, der kleine Pirat! Ich rubbelte sie sauber, und er wachte nicht mal auf.

In Frankreich hatten wir den Luxus von Wäschetrocknern entdeckt, eine große Hilfe, weil wir im Auto nichts trocknen konnten. Unsere Waschpausen hatten uns zu einigen Städtetouren verholfen, ohne dass die Kinder murrten – die Alternative wäre gewesen, im Waschsalon zu warten, bis die Wäsche fertig war. Als Lilly sich eines Nachts in ihr frisch bezogenes Bett erbrach, waren wir innerhalb weniger Stunden zweimal waschen. Es dauerte Tage, bis der Geruch verschwunden war. Er war geradezu ansteckend. Man betrat den Bus und hatte das Gefühl, kotzen zu müssen.

So gern ich am Meer war, so sehr nervte mich der Sand, den die Kinder ins Auto trugen, auch in ihre Betten. Ich weiß nicht, wie oft ich sie daran erinnerte, ihre Füße abzukehren. Im Eifer des Gefechts vergaßen sie es, und was sie draußen ließen, trug Dschinn rein. Immerhin – mein eigenes Bett war schön sauber. Wenn ich mich nachts hineinlegte, war es einfach wunderbar. Das begriff auch Dschinn, und er unterließ es, nach vorne zu klettern und seinen Kopf aus dem Fenster zu hängen, wobei er das Mückengitter zerstört hätte. Leider hatten wir trotz der Netze vor allen Fenstern Mücken im Wagen. Das war auch ein Grund, warum wir am liebsten am Meer übernachteten, wo immer ein bisschen Wind bläst und die Mücken vertreibt. Über die man sich eigentlich freuen soll, es gibt ja immer weniger Insekten.

Auf einem Campingplatz in Spanien konnte ich mich jedoch kein bisschen freuen, es war der blanke Horror. Wenn nicht eine an meinem Ohr surrte, riefen die Kinder: »Mama, Mama! Eine Mücke!« – »Bei mir auch!«

Kein Ton von Percy. Er schlief. Er hörte die Mücken einfach nicht und uns auch nicht.

Ich kletterte von vorne nach hinten, schnappte mir ein Glas und ging auf Mückenfang.

Simon, der noch schlief, schreckte hoch, stieß sich den Kopf an, erschrak, weinte.

Sofort fiel Lilly ein.

Lukas fluchte. »Mich haben schon hundert Mücken gestochen!«

»Nicht so laut!«, bat ich ihn, die erste im Blick, zack, das Glas drauf, gefangen. Ich schob ein Blatt Papier drunter und entließ sie in die Freiheit, wobei vermutlich zwei andere in den Bus huschten, so kam es mir zumindest vor, weil meine Jagd kein Ende nahm. Dreißig Minuten dauerte es, das Auto mückenfrei zu bekommen. Die Kinder schliefen, ich war hellwach. Dennoch zufrieden, legte ich mich nach vorne. Da hörte ich es summen. Also wieder Licht an. Suchen. Nichts. Licht aus. Summen. So ging es hin und her, bis ich nach vielen vergeblichen Versuchen, diese Mücke zu befreien, einen Mord beging. Oder befreite ich sie damit ins Paradies? Das war mir in diesem Moment völlig egal.

Am nächsten Morgen lachte Percy Tränen, als ich ihm von meiner Jagd erzählte. Seine Strategie war die erfolgreichste, aber nichts für mich. Er ließ die Mücken, wenn sie überhaupt mal bei ihm landeten, einfach sitzen. »Bitte schön«, sagte er einladend. »Trink dich satt.« Und verlangte im Gegenzug: »Aber nur einmal. Dann fliegst du eine andere Kneipe an.« Kurioserweise machten sie das auch, am allerliebsten kehrten sie bei mir ein.

»Nur die weiblichen Mücken zapfen Blut«, erklärte ich den Kindern. »Das tun sie für ihren Nachwuchs, damit ihre Kinder wachsen können.«

»Also soll man lieber nicht draufschlagen, weil die Mückenkinder sonst verhungern?«, fragte Lilly erschrocken.

»Genau deshalb lasse ich die Mamamücke trinken«, sagte Percy.

Die Kinder wollten auch gern, dass die Mückenkinder satt wurden, aber sie schafften es genauso wenig wie ich, die ich nun mindestens drei Tage lang um mein Karma zitterte ...

Schule auf Rädern

Selbstverständlich unterrichteten wir die Kinder nicht nur nach Lust und Laune, sondern im Idealfall nach dem Frühstück. Nachdem sie sich eine Weile dagegen gesträubt hatten, gehörte es zu unserem neuen Leben und strukturierte den Alltag, was wichtig war. Wir begannen nach etwa sechs Wochen, wobei wir uns an der Länge der Sommerferien orientierten. Inzwischen hatten wir uns intensiv mit Lernprogrammen beschäftigt, zum Beispiel online Tools der Freilerner.

Als wir dann von der Theorie in die Praxis wechselten, wuchs unser Respekt vor Eltern, die ihre Kinder jahrelang beschulen. Aus Foren wussten wir, dass viele von ihnen vor demselben Problem standen wie wir damals mit Lukas. Kinder weigerten sich strikt, in die Schule zu gehen, Familien drohten unter diese Belastung zu zerbrechen. Die positiven Entwicklungen, die viele der Freilerner-Kinder machten, bestärkten uns in unserer Entscheidung. Freilerner setzen auf selbstbestimmtes und selbst organisiertes Lernen. Sie lernen in Projekten statt in Fächern: Was, wann und wie lange, bestimmen sie selbst. Es ist übrigens einfacher, fremde Kinder zu unterrichten als die eigenen! Die ja genau wissen, wie sie ihre Eltern austricksen können. Da unsere drei in verschiedene Klassen gehörten, teilten wir uns auf und bearbeiteten Aufgabenblätter mit ihnen. Dabei versuchten wir stets, die Kinder mit ihren Vorlieben zu motivieren. Es wurde nicht irgendetwas vorgelesen, sondern eine Piratengeschichte. Simon, für den es schwierig war, lange still zu sitzen, turnte Zahlen mit Percy, während ich mit Lilly Buchstaben malte. Ich glaube, dass viele Einheiten den Kindern besser gefielen als uns. Doch wir blieben dabei und orientierten uns am bayerischen Lehrplan. Mehr Spaß machten die spontanen Einlagen, wenn eine Frage auftauchte, der wir auf den Grund gingen. Lernvideos bildeten eine zusätzliche Unterstützung. Für mich war der Austausch mit anderen Freilerner-Eltern eine große Hilfe, denn natürlich zweifelte ich auch manchmal – vor allem, wenn etwas nicht richtig klappte, wenn Lukas beispielsweise holprig las, obwohl er es doch schon viel besser können sollte. Hab Vertrauen, sagte ich mir, wie es mir andere Eltern geraten hatten. Die Kinder lernen in ihrem eigenen Rhythmus. Und so war es dann auch.

Von allen Lerntheorien, mit denen ich mich im Laufe der Jahre beschäftigt habe – und das waren viele –, haben mich die Freilerner am meisten überzeugt. Sie greifen Impulse auf, die die Kinder geben, und reagieren mit ihren Antworten darauf. Sobald man etwas nicht beantworten kann, sucht man einen Menschen, der dazu in der Lage ist. Was natürlich wiederum für das Leben in einer Gemeinschaft spricht, in der man beispielsweise als handwerklich wenig begabter Vater zu seiner Tochter sagt: »Geh zum Joachim, der zeigt dir, wie du das machst.« Und Joachim schnitzt mit der Tochter oder baut ein Regal oder repariert gemeinsam mit ihr ein Fahrrad oder was auch immer. Joachims Sohn möchte vielleicht kochen, und das bringe ich ihm bei. So können Erfahrungen und Wissen im menschlichen Kontakt gewinnbringend weitergegeben werden.

Kinder probieren sich in verschiedenen Bereichen aus und entdecken ihre Fähigkeiten und Vorlieben – oft auf unkonventionellen Wegen. Lukas hatte eine Weile überhaupt keine Lust auf Mathe. Am liebsten hätte er nur Basketball gespielt. Dann erklärte ihm Percy, dass sein Gefühl, wie er den Ball trifft, etwas mit Geometrie zu tun hat, und daraufhin entwickelte er ein dreidimensionales Verständnis. Wenn er die Flugbahn von Bällen berechnen konnte, würde er mehr Körbe treffen. Darauf kommt es immer an: die Brücke vom Lehrstoff ins Leben der Kinder zu bauen. Alle Kinder wollen lernen, Neues erfahren. Wenn man sie begeistert, sind sie wissbegierige, fleißige Schüler.

Freilerner können übrigens einen ganz normalen Schulabschluss machen, und man hat sogar festgestellt, dass es ihnen leichtfällt – wenn sie es wollen. Die eigene Motivation ist Voraussetzung für jedes Gelingen.

Familienbande
Schachclub

Vater-Tochter-
AcroYoga
    Arbeiten mit
Familie: einatmen,
    ausatmen

*Glamping-Chillen
Hinaus in die
große Welt*

*Home is where our
bus is.*

*Fahrende
Wäschekammer*

Alle unter einem Dach   *Papa ist der Beste*

Yoga unlimited

Strandtag

Miteinander die Welt erkunden

Jeder Sonnenuntergang ist besonders.

Die Piraten auf Tour

Guten Morgen, Welt: Familienfrühstück de luxe

Schattenspiele im unbekannten Ausland

Inselparadies

Der Retreat auf Ibizia fand jedes Jahr statt, einige der Teilnehmer buchten diese Yogareise im Herbst regelmäßig. Es gab aber auch neue Gesichter. Wie immer war ich für den Yogaunterricht zuständig, Diana für die Verpflegung, und gemeinsam unternahmen wir als Reiseleitung auch Ausflüge mit den Teilnehmern und kümmerten uns um ihre kleinen – Spinne im Zimmer – und großen – Liebeskummer – Sorgen. Unterstützt wurden wir von meiner Tochter Marie. Sie hütete ihre drei Halbgeschwister, wie sie es auch in Andechs oft gemacht hatte. Die drei Kleinen vergötterten ihre große Schwester, und die Große liebte die Kleinen heiß und innig.

Diesmal war alles anders, weil wir nicht mit dem Flieger, sondern mit der Fähre landeten. Wir trafen viele Gleichgesinnte, die uns früher nie aufgefallen waren, in Autos, die aussahen, als hätten sie alle Wüsten dieser Welt durchquert. Man lichthupte und winkte – schön war das! Auf dem Festland waren wir meistens Außenseiter gewesen zwischen all den gepflegten Wohnmobilen mit Klo- und Satellitenschüsseln. Es gefiel uns, zur Gruppe der Individualreisenden gehören. Nach und nach erfuhren wir, dass die Leute in den Bussen oft gar keine Reisenden im herkömmlichen Sinn waren. Sie konnten sich auf der teuren Insel schlicht keine Wohnung leisten und lebten deshalb im Auto. Als die Kinder hörten, dass sie sich Piraten nannten, waren sie begeistert. Im Überschwang beschlossen wir, Ibiza zu entern. Hier würden wir auch nach der Zeit in der Finca bleiben. Am Strand trafen wir eine Menge hilfsbereiter Menschen, die uns mit guten Tipps versorgten.

Doch bevor wir unseren Bus in diese Community einreihten, wohnten wir zehn Tage in der Finca. Und das war … wie Urlaub! Dusche! Waschbecken! Toilette! Badewanne! Waschmaschine! Kühlschrank! Geschirrspülmaschine! Schränke! Fernseher! Musikanlage! Treppen! Möbel! Swimmingpool! Strom ohne Ende! Die Begeisterung der Kinder war grenzenlos. Unsere auch … doch leider währte sie nur kurz, denn wir waren ja nicht zum Vergnügen hier, sondern zum Arbeiten, und das fiel uns anfangs richtig schwer. Wir mussten unsere offiziellen Persönlichkeiten als Reiseleiter, Yogalehrer und vegane Köchin erst wieder hervorkramen, waren für den reibungslosen Ablauf verantwortlich – unsere Gäste erwarteten Professionalität von uns. Wir hatten in den letzten Monaten nie auf die Uhr geschaut und takteten uns nun erst mal wieder auf Business.

Es holperte genauso, wie uns das »Nichtstun« am Anfang der Reise schwergefallen war, doch bald waren wir im altbekannten Groove, und das machte auch Spaß. Da Marie sich so lieb um unsere Kleinen kümmerte, konnten wir uns voll und ganz den Gästen widmen. Nachts fragten wir uns, ob wir Sehnsucht nach diesem Leben gehabt hatten und wie die Kinder reagieren würden, wenn wir die Finca verließen, denn natürlich gefiel es ihnen, in einem richtigen Zimmer zu schlafen. Und wir merkten, wie wir uns veränderten, obwohl es sich doch nur um ein paar Tage handelte. »Nein, Lilly, ich hab jetzt keine Zeit für dich.« Wir hatten auch keine Zeit, abends etwas vorzulesen – wir hatten die Betreuung der Kinder gegen die der Gäste getauscht, die uns rund um die Uhr forderten. *Ich hab einen Sonnenbrand, wann gibt's was zu essen, wo krieg ich einen neuen Akku für mein Handy her, ich bin in was reingetreten, gibt es hier einen Zahnarzt, in meinem Zimmer riecht es komisch.* Wir waren gefragt, für alles eine Lösung zu finden, öffneten den Familienkreis hin zu unseren Gästen.

Es war für mich etwas gewöhnungsbedürftig, mich wieder an der Zeit zu orientieren, statt dem Fluss des Tages zu folgen und mehr nach meiner inneren Uhr zu wirken, als den Zeigern zu folgen.

»Wenn wir das zwei Wochen durchziehen würden, wären wir wieder voll im alten Trott«, meine Diana. »Und es würde uns gar nicht auffallen.«

Ich stimmte ihr zu. Was man immer macht, wird normal.

»Das wollen wir aber doch nicht?«, fragte ich, obwohl es klar war.

Sie schüttelte den Kopf.

Und auch die Kinder wollten es zum Glück nicht. Sie waren vollkommen einverstanden, dass wir bald wieder in unser Haus auf Rädern steigen würden.

Suppenzeit

Zuerst wollten wir nur drei, vier Wochen auf Ibiza bleiben, doch wir verlängerten immer wieder, und es war wundervoll, einfach sagen zu können: Wir bleiben noch. Letztlich überwinterten wir dort. Anfangs lebten wir im Kreis der anderen Piraten am Strand, mit netten Leuten und vielen Kindern. Percy und ich genossen ausgiebige Yoga-Sessions mit Blick aufs Meer, abends paddelten wir mit den Boards in den Sonnenuntergang, später saßen wir am Lagerfeuer, machten Musik und sangen. Eine »Nachbarin« brachte uns spanische Vokabeln bei; die Kinder fanden es witzig, dass wir im Unterricht auf einer Stufe mit ihnen standen. Überflüssig zu betonen, dass sie uns schnell überflügelten. Sie taten sich so leicht mit dem Lernen, beneidenswert! Als Percy zweimal zum Arbeiten nach Deutschland flog, passte Elena auch kurz auf die Kinder auf, wenn ich etwas zu erledigen hatte. Marie war längst wieder in Herrsching bei ihrer Mutter Bianca und in der Schule. Was ihr im Übrigen nicht leichtgefallen war. Sie wäre gern bei uns geblieben, doch schließlich siegte die Vernunft oder wie auch immer man das nennen will.

In ihrem Alter habe ich genauso gehandelt, man könnte sagen, ich war eine vernünftige Punkerin. Heute ist es wichtiger für mich, den Impulsen Raum zu geben, die das Leben setzt. Das kann zu großen Schritten wie der Reise ins unbekannte Ausland und kleinen Schnitten wie Dschinns neuer Frisur führen.

Wir wussten nicht, wie es geschehen war, doch er war plötzlich voller Harz, das wir nicht aus seinem Fell bekamen. Er selbst hatte wahrscheinlich schon einen Zungenmuskelkater vom Lecken – da griffen wir zur Schere. Wir sagten nicht, morgen oder am Wochenende. Wir machten es gleich, wir konnten das meiste gleich machen, weil wir so flexibel waren – und das empfinde ich als großes Glück. Immer wieder zu fragen: Was braucht es *jetzt?* Jeder Tag erschuf seinen eigenen »Terminkalender«. Natürlich hatten wir auch langfristige Termine, doch im Vergleich zu früher verschwindend wenige. Es fühlte sich herrlich an, Tätigkeiten nicht bloß abzuhaken, sondern bewusst zu tun. Und am Schönsten war es, so viel Zeit für andere Menschen zu haben. Wir mussten nicht ständig dringend irgendwohin, irgendetwas erledigen. Wir konnten uns einlassen – und andere ließen sich auf uns ein. So standen wir im strömenden Regen einmal nachts an einer Automaten-Tankstelle, für die wir eine spezielle Karte gebraucht hätten; unsere Kreditkarte wurde nicht akzeptiert. Der Tank war fast leer, wir würden hier übernachten müssen. Nein, mussten wir nicht, ein Lieferwagen fuhr die Tankstelle an. Es endete damit, dass Stephan uns zu ein paar Litern Diesel einlud und wir uns mit einem Teller Kartoffelsuppe revanchierten – zum Schluss schrieb ich ihm das Rezept auf. Wir mussten keine Adressen und Telefonnummern tauschen, verbrachten zwei unvergessliche Stunden miteinander, löffelten gemeinsam Suppe und trennten uns, alles im Fluss. Wir machten nicht mal ein Selfie!

Kartoffelsuppe

Zutaten für 4 Personen
750 g Kartoffeln
3 Karotten
1 kleines Stück Sellerie
1–2 TL getrockneter Majoran
Öl zum Anbraten
ca. 1,5 l Wasser oder Gemüsebrühe
Salz, Pfeffer

Kartoffeln, Karotten und Sellerie schälen, putzen und in kleine Würfel schneiden. Das Gemüse mit dem Öl bei mittlerer Hitze in einem großen Topf anbraten, bis die Kartoffeln leicht braun sind. Dann mit so viel Wasser oder Gemüsebrühe ablöschen, dass die Kartoffeln gerade bedeckt sind (je mehr Brühe, desto flüssiger die Suppe). Den getrockneten Majoran in die Suppe rühren, Deckel auf den Topf und alles bei geringer Hitze köcheln lassen, bis die Kartoffeln weich sind.

Nikolaus auf Ibiza

Nach und nach verließen die Touristen die Insel, allein die Piraten blieben. Ende November badeten wir noch im Meer. Keine Spur von Adventsstimmung? Von wegen! Anfang Dezember bummelten wir über einen wunderschönen Weihnachtsmarkt. Neben prallen Orangen hingen leuchtend rote Weihnachtskugeln an den Bäumen. Es sollte nicht der einzige Weihnachtsmarkt sein, den wir im Lauf des Monats besuchten. Und wir badeten einen Tag vor Nikolaus im Meer – allerdings zum letzten Mal in diesem Jahr. Danach begann es zu regnen und wurde deutlich kälter.

Auf dem Weihnachtsmarkt hatte ich heimlich drei Nikolaussäckchen erstanden und nachts gefüllt. Es war ein hartes Stück Arbeit, die Kinder, die unbedingt, ein bisschen, manchmal, bestimmt nicht an den Nikolaus »glaubten«, an diesem Tag zu einem Strandspaziergang zu überreden. Wir waren noch nicht weit gegangen, da fror ich ganz erbärmlich.

»Lauf doch zurück und hol dir einen Schal«, schlug Percy auf mein Stichwort hin vor.

»Gute Idee«, sagte ich meinen Text und kehrte um.

Als wir eine Stunde später beim Bus anlangten, rissen die Kinder die Augen auf. Was hing denn da an den Ohren, sprich Seitenspiegeln? Drei rote Säckchen! In diesem Augenblick glaubten sie alle fest an den Nikolaus, niemand erinnerte sich an den scheinbar vergessenen Schal.

Lilly konnte es überhaupt nicht fassen. »Mama! Dass der Nikolaus uns hier gefunden hat!«

»Der findet uns überall!«, erklärte Simon seiner kleinen Schwester.

»Aber woher weiß er das?«, ließ sie nicht locker.

»Der hat bestimmt ein Navi.« Simon wurde unsicher. »Oder?« Fragend schaute er mich an.

Lukas, der bis vor fünf Minuten die Existenz eines Nikolauses als albernen Kinderquatsch bezeichnet hätte, mischte sich ein. »So was braucht der nicht«, erklärte unser Ältester ernst. »Der macht das mit Telepathie.«

»Was ist das?«, fragte Lilly.

»Telefonieren mit dem Kopf«, brachte Lukas es auf den Punkt.

Trotz aller Freude machten es die drei kleinen Nikolaussäckchen nicht wirklich gemütlich im Bus. Es war einfach zu kalt. Außerdem wurden wir nun öfter vertrieben, einmal sogar mitten in der Nacht. Um fünf Uhr klopfte es an den Bus, und ein Polizist forderte uns ruppig auf, wegzufahren. Das passierte mehrmals. Während Percy mit den Schultern zuckte, stresste mich das. Beim Einschlafen befürchtete ich, dass uns wieder jemand aus dem Schlaf reißen würde – kein schönes Gefühl. Einmal begann Percy mit zwei Polizisten zu diskutieren »Wem gehört dieser Platz, wem gehört das Land?«, fragte er sie in seinem holprigen Spanisch mit Unterstützung von Händen und Füßen. »Wen stört es, wenn wir hier schlafen? Wir hinterlassen keinen Müll. Kommt rein und trinkt einen Tee mit uns.«

Sie schüttelten den Kopf, deuteten auf ihre Armbanduhren und ergriffen die Flucht. Percy meinte, das würde bedeuten, dass wir hier bleiben könnten. Doch ich fühlte mich nicht wohl, nicht willkommen. Weil wir keine Miete bezahlten, gehörten wir ein bisschen zu den Illegalen. Es ist nicht so, dass ich das Problem nicht verstehen würde. Wir haben den Müll am Strand gesehen und wurden oft Zeugen, wie respektlos und schändlich Touristen die Insel beschmutzen. Es ist widerlich, wenn man durch eine herrliche Landschaft läuft und einem alle zehn Meter Klopapier ins Auge sticht, hoffentlich nicht auch in die Nase. Oder wenn man einen Ölfleck im Naturschutzgebiet entdeckt, sobald ein Auto wegfährt. Wenn kein biologisch abbaubares Wasch- und Spülmittel verwendet wird.

All das hat dazu geführt, dass auch wir weggeschickt wurden, obwohl wir uns anders verhielten. Und außerdem ließen wir als wilde Camper zu wenig Geld auf der Insel, weil wir nichts fürs Übernachten bezahlten, weil wir keinen Strom- und Wasseranschluss benötigten wie herkömmliche Camper. Die meisten offiziellen Campingplätze hatten mittlerweile allerdings geschlossen. Die Nächte wurden kalt und kälter, die Betten klamm, auf der Nachbarinsel Mallorca schneite es sogar. Wir hatten zwar warme Klamotten dabei, aber für Schnee waren wir nicht gerüstet.

Der Familienrat beschloss, ein Ferienapartment zu mieten, schließlich standen fast alle leer: Zehntausende von Häusern, Villen, Fincas. Wir erinnerten uns an das Buch *2020* von

Bauchi und den großartigen Vorschlag, vor Häusern Ampeln anzubringen, rot und grün – hier kannst du rein, hier ist besetzt.

»Ich versuche es mal in der Finca«, sagte Percy. »Vielleicht haben die ein Plätzchen für uns frei.«

Ein Plätzchen? Wir bekamen das ganze Haus, und zwar mit Handkuss. Die Eigentümer wollten über Weihnachten nach Thailand, stuften uns als vertrauenswürdig ein und fragten, ob wir ihre Katzen füttern und das Haus hüten wollten, einfach ein bisschen nach dem Rechten sehen für fünfeinhalb Wochen, und ihren kleinen Seat durften wir auch nutzen und den Kühlschrank leer essen. Die Kinder freuten sich vor allem auf den Pool, doch der war trockengelegt, es wäre auch zu kalt gewesen. Aber wir hatten eine Badewanne. Was heißt hier eine, jeder von uns hätte sich in eine legen können!

Es regnete oft, und wir waren sehr froh über unsere schöne Unterkunft. Doch wie sollten wir die Kinder beschäftigen? Wir intensivierten den Unterricht, aber das genügte nicht. Es gab keine Schwimmbäder oder Indoor-Aktivitäten, Events. Alles war auf Touristen ausgerichtet, und wenn sie weg waren, atmeten die Insulaner auf und genossen die Ruhe ohne kollektive Bespaßung und Freizeitprogramme. Das Touristenprogramm hatten wir längst abgearbeitet.

Ich buk Kuchen mit den Kindern, genoss die geräumige Küche und ihre technische Ausstattung, wir tranken literweise Kakao, gingen viel spazieren, spielten und sprachen spanisch miteinander. Doch wir merkten, dass wir ein bisschen zu oft in unserer eigenen Suppe dümpelten. Es fehlte der Input anderer Menschen, und wir hätten gern Spielkameraden für die Kinder gehabt. Doch erstens hatten wir keine Nachbarn, und zweitens gingen die spanischen Kinder zur Schule. Tagelang suchte ich auf der Insel nach veganer Butter für Weihnachtsplätzchen. Aber auf der ganzen Insel trieb ich keine auf, und das war schließlich das fetteste Argument, über die Feiertage nach

Deutschland zu fliegen, was vor allem die Omas der Kinder freute. Bis dahin hielt ich die süße Weihnachtsstimmung mit Avocado-Schokomousse am Köcheln.

Avocado-Schokomousse

Zutaten für 4 Personen
5 reife Avocados
60 g Kakaopulver
4–5 EL Agavendicksaft
1 TL Vanille
1 Prise Zimt
Kiwischeiben oder TK-Beeren als Deko

Die Avocados halbieren, das Fruchtfleisch in ein hohes Gefäß geben. Das Kakaopulver, den Agavendicksaft und die Vanille zugeben. Alles mit einem Pürierstab oder Mixer gründlich zerkleinern und mischen, sodass eine cremige Mousse entsteht.
1 Stunde im Kühlschrank aufbewahren, dann in kleine Schüsseln füllen und mit Kiwischeiben oder Beeren garnieren.

Besuch in der alten Heimat

Vier Tage vor Weihnachten landeten wir in München. Unser lieber Hund Dschinn hatte sich in die Hündin des Bruders unseres Vermieters verliebt, der die Weihnachtstage in der Finca verbrachte, und so entsprachen wir seiner dringenden Bitte, ihn auf Ibiza zu lassen und ihm zudem die deutsche Silvesterknallerei zu ersparen.

Maries Mutter Bianca und ihr Mann Felix öffneten ihr Haus für uns. Die beiden hatten zwei Kinder, so waren wir insgesamt zu zehnt, und Diana brauchte sich um Abnehmer für ihre köstlichen Plätzchen keine Sorgen zu machen. Zum Dank für das Obdach bereitete sie ein leckeres Weihnachtsmenü für die gesamte Familie zu, das auch die Fleischesser begeisterte, und wie so oft schwärmten Nicht-Vegetarier, die gar nicht schmeckten, dass sie vegan gespeist hatten: »Man merkt kein bisschen, dass das Fleisch fehlt.« Nein, in Dianas Küche fehlt wahrlich nichts.

Aber den Kindern fehlte plötzlich ganz viel, wie immer, wenn sie mit der kunterbunten Konsumwelt konfrontiert waren. Ständig fiel ihnen ein, was sie unbedingt haben wollten, obwohl sie selbst reich beschenkt wurden, viel zu reich, wie Diana und ich meinten. Denn wohin mit dem ganzen Zeug? Allein der Roboter, der für Lukas unter dem Christbaum lag, war so groß, dass er ein eigenes Bett benötigte. Wir würden ihn nicht mitnehmen können – es graute uns davor, Lukas das zu erklären, auch wenn er es letztlich verstehen würde. Er wollte schließlich im Bus leben, und die Regel lautete: Eine Kiste mit Spielsachen für jedes Kind. Es war unfassbar, welche Geschenkeschlacht am Heiligen Abend veranstaltet wurde, ich glaube, dass eine ganze Papiertonne für das Papier nicht ausreichte, vom Plastik ganz zu schweigen. Und dann wurde gestritten, und irgendwas ging kaputt, und am übernächsten Morgen war die Hälfte des Spielzeugs schon nicht mehr interessant.

Vor einem Jahr hatten wir sechs Kilometer entfernt in unserem Haus in Andechs Weihnachten gefeiert.

»Ist das nicht komisch für euch?«, fragte Bianca.

Seltsamerweise war es das nicht. Diana und ich hatten damit gerechnet, ein bisschen melancholisch zu werden – aber es blieb aus. Wir freuten uns, Familie und Freunde wiederzusehen, aber wir bedauerten unseren Abschied nicht. Natürlich wollte jeder, den wir trafen, wissen, wie es uns ergangen war. Im Großen und Ganzen hörten wir überall die gleichen altbekannten Fragen. Ob wir Heimweh hätten, wie lange wir das noch machen wollten, ob das Geld noch reichen würde, was wir eigentlich den ganzen Tag über trieben, ob uns das Herumfahren nicht allmählich langweilig würde.

»Im Moment reisen wir nicht. Wir überwintern auf Ibiza.«

»Aha. Also doch schon die Schnauze voll?«

Es war wie mit dem Auto. Man kann sagen, dass man gern umweltbewusster lebt, aber wehe, man fährt Auto. Man könnte kein Fitzelchen Müll produzieren, aber einmal fliegen – und schon gilt man als inkonsequent. Wer aussteigt, um zu reisen, darf nicht anhalten. Das ging uns ein bisschen auf die Nerven. Wir hatten manchmal den Eindruck, als würden wir die Welt aus einem neuen Blickwinkel sehen, als wären wir in Bewegung geblieben, während andere stehen geblieben waren. Manchmal tat es auch ein bisschen weh. Besonders wenn wir uns wie bei einem Verhör fühlten. Wir wollten doch einfach nur eine schöne Zeit mit der Familie und Freunden verbringen!

Beim Kindergottesdienst in Andechs am ersten Weihnachtsfeiertag vergaß ich kurzzeitig, dass wir nicht mehr hier wohnten, und lud einen Bekannten ein, später doch mal vorbeizukommen. Diana lachte sehr, ihr war am Vortag etwas Ähnliches passiert.

Oft hörten wir etwas wie: Ihr fehlt uns! Das Yogastudio fehlt! Schade, dass ihr weg seid.

»Wir sind ja nicht aus der Welt«, antworteten wir. Und: »Ihr könnt uns jederzeit besuchen.«

»Ja, wenn unsere Kinder größer sind, machen wir das vielleicht mal.«

»Wartet nicht zu lange«, rieten wir.

»Nein, bestimmt nicht.«

Niemand ist unserer Einladung gefolgt.

Familiengeschichten

Dianas und meine Eltern litten sehr unter dem »Entzug« ihrer Enkelkinder und machten sich große Sorgen. Ich schätze, in ihren schlimmsten Fantasien endeten die drei als verwahrloste Analphabeten unter einer Brücke, höchstwahrscheinlich drogensüchtig. Diese Angst spiegelte sich in den Weihnachtsgeschenken. Sie bestanden aus Mathematik- und Deutschbüchern und pädagogisch wertvollen Spielen. Außerdem gab es warme Socken.

Die Besuche bei Eltern und Schwiegereltern ähnelten sich, als hätte man sich abgesprochen. Im Gegensatz zu den Freunden, die sich einigermaßen zurückhielten, ihre Zweifel zwischen steilen Augenfalten und manchem Seufzen versteckten, nahmen unsere Eltern kein Blatt vor den Mund.

»Wann kommt ihr zurück? Wann hört ihr mit diesem Unsinn auf?«

»Es hat sich nichts verändert«, erklärten wir.

Die Mütter versuchten es über die Kinder. »Ihr habt doch sicher ganz oft schreckliches Heimweh.«

»Nein«, sagten unsere Kinder.

»Aber ihr vermisst doch eure Freunde?«

»Nicht oft. Und jetzt sind sie ja da.«

»Alle Kinder gehen in die Schule.«

»Auf Ibiza auch.«

»Möchtest du nicht auch in die Schule gehen?«

»Papa hat gesagt, wenn ich in die Schule gehen will, bleiben wir an einem Ort«, wiederholte Lukas, was ich ihm von Anfang an versprochen hatte und später auch Simon. Wir würden nur so lange unterwegs sein, wie die Kinder das wollten.

»Aber ihr müsst doch mal was Vernünftiges lernen.«

»Wir können schon Spanisch und Französisch und Englisch.«

»Das ist doch kein Beruf!«

»Doch, Dolmetscher.«

»Aber dafür braucht man Zeugnisse. Ein bisschen Reden reicht nicht aus für eine sichere Zukunft.« Ein kummervoller Blick traf uns, denn natürlich sprachen hier nicht die Großeltern mit den Enkeln, sondern die Eltern mit ihren Kindern.

Es war, als lebten wir in verschiedenen Welten. Alle gaben sich Mühe, die Mütter kochten sogar vegan, aber letztlich redeten wir in verschiedenen Sprachen. Wenn ich nicht auf den Inhalt hörte, sondern einfach nur fühlte, spürte ich die guten Absichten.

Nach unserem alljährlich stattfindenden Silvester-Yoga-Event in München flogen wir zurück nach Ibiza und freuten uns auf Dschinn, der, wie wir hörten, bald Vater werden würde. Doch es war ungewiss, ob er seine Welpen sehen könnte. Wir würden auf der Insel keine Wurzeln schlagen, sondern wirklich nur überwintern. Da ich in den ersten drei Monaten des neuen Jahres einige Termine hatte, würden Diana und die Kinder öfter allein bleiben. Vielleicht wären die Welpen dann schon da? Der Besitzer der Hündin ließ sie auf der Insel bei unseren

Vermietern. Die hatten sich immer einen Hund gewünscht und nur wegen der Katzen darauf verzichtet. Aber Luna, Dschinns Gefährtin, und die Katzen waren ein Herz und eine Seele, und Dschinn ist sowieso ein Herz auf vier Pfoten. Als wir uns Mitte Februar von der Finca verabschiedeten, vereinbarten wir, im Herbst einen Nachfahren von Dschinn aufzunehmen.

Doch dann kam alles anders, und zwar in Gestalt des Winzlings Neo, den ein Bauer an die Wand werfen wollte. »Wir nehmen ihn mit«, sagten wir ohne Zögern und wollten ihn zuerst in ein Tierheim bringen. Doch nachdem wir ihm einmal ein Fläschchen zwischen seine Milchzähne geschoben hatten, gehörte er zur Familie, und so lebten wir nun zu siebt im Bus. Dschinn kümmerte sich wie eine Mutter um den Welpen, der zu unserem Schrecken stündlich größer zu werden schien und wuchs und wuchs und wuchs.

Waren wir verrückt? Bei so wenig Platz? Wir wären verrückt gewesen, diesen Hund nicht zu retten, das hätten wir uns nie verziehen. Das Wegsehen hätte sich eingebrannt. Nein, wir waren nicht auf der Welt, um wegzusehen.

Alleinerziehend

Und dann war ich wieder mal alleinerziehende Mutter und hatte doppelten Stress, denn sobald wir Percy zum Flughafen gebracht hatten, musste ich die Rasselbande allein bändigen – also Auto fahren und Streit schlichten, einkaufen und beaufsichtigen, kochen und alle immer schön beschäftigen, und das Lernen sollte auch nicht zu kurz kommen. Ich war in der Situation, in der Eltern ihre Kinder vor die Glotze setzen. Oder verzweifeln, weil die Kita geschlossen hat. Kinder brauchen mehr Ansprechpartner als nur einen Erwachsenen! Öfter, als mir lieb war, ließ ich sie Filme auf dem Handy gucken. Aber ich beschäftigte sie auch mit Singen, Lesen, Spielen, Basteln – nur musste ich das alles vorbereiten und begleiten.

Nächstes Problem: Was Lukas und Simon interessierte, fand Lilly doof. Lukas langweilte sich, wenn Simon und Lilly spielten. Hätten wir unsere Kinder gedrillt, dann hätte hin und wieder ein sogenanntes Machtwort genügt. An manchen Tagen war es sehr schwierig, meinen bewussten Umgang mit den Kindern aufrechtzuerhalten, und das lag auch am unbekannten Ausland. In Andechs hatten die Kinder Freunde, ich konnte sie einfach zum Spielen schicken, irgendein Nachbarskind fand sich immer. Doch in der Finca und später am Meer war schon allein die Sprache ein Hindernis. Für die spanischen Kinder waren Lukas, Simon und Lilly wie Außerirdische, weil sie nicht zur Schule gingen, wenngleich es auf Ibiza durchaus Homeschooling gibt.

Unser Spanisch reichte nicht aus, um längere Unterhaltungen zu führen oder sich gut aufgehoben zu fühlen, wie uns einmal eine beängstigende Situation auf dem Festland zeigte. Ich glaube, es war in Barcelona, als spätabends, wir parkten in der Innenstadt, Schüsse ertönten. Wir waren gerade erst von Mallorca übergesetzt. Zuerst glaubten wir, irgendwo würde ein Feuerwerk gezündet, dann begriffen wir, dass wir Gewehrschüsse hörten. Wir hatten keine Ahnung, was los war. Das schnelle Spanisch der Radionachrichten verstanden wir nicht, im Internet gab es keine Berichterstattung auf Deutsch. Später erfuhren wir, dass es sich um eine Auseinandersetzung zwischen Polizei und Demonstranten für die Unabhängigkeit Kataloniens gedreht hatte.

Das erinnerte mich an eine Freundin, die beim Attentat am 11. September 2001 in einem japanischen Zen-Kloster weilte. Im Dorf sah sie die Bilder der einstürzenden Türme im Fernsehen, alle Leute waren in heller Aufregung, doch niemand konnte ihr erklären, was geschehen war, beziehungsweise viel zu wenig, um sie zu beruhigen. Sie dachte, der Dritte Weltkrieg sei ausgebrochen.

Da wir nicht täglich Nachrichten schauten oder hörten, wurden wir auch von angekündigten Naturkatastrophen überrascht. Von einem Hurrikan mit Kurs auf Portugal erfuhren wir erst, als unsere Familien SMS im Stundentakt schickten, die wir am nächsten Tag lasen – womöglich waren wir geborgen im Auge. Aber da wir uns nicht meldeten, befürchteten unsere Familien das Schlimmste.

Normalerweise wäre eine fremde Sprache kein Hindernis, doch in einer Gefahrensituation verstärkt das Nichtverstehen die Angst. Ich merkte dann immer, dass ich hier doch nicht zu Hause war, egal, wie wohl ich mich bisher gefühlt haben mochte. Und auch wenn es mein Bestreben ist, in mir selbst und in der Verbindung mit allen anderen Menschen zu Hause zu sein, so springt doch als Erstes mal das Heimweh an.

Manchmal erinnerten Percy und ich uns an das Unterwegssein ohne ständigen Draht nach Deutschland – das kennen wir beide. Ich habe eine Weltreise in einer Zeit ohne Internet absolviert – auch wenn das für die Kids heute unvorstellbar sein mag.

Wenn ich allein mit den Kindern war, passierte regelmäßig etwas Schlimmes, ich konnte, wie es so schön heißt, die Uhr danach stellen.

Ein Kind wurde krank, verletzte sich, es gab eine Überschwemmung im Bus: Zweimal platzte der Wassertank, und jedes Mal war Percy nicht da. Oder ein Kind bekam Zahnschmerzen. Ich musste im unbekannten Ausland einen Arzt suchen, der idealerweise deutsch sprach, und das sehr schnell, weil das Kind brüllte wie am Spieß, die anderen stritten, Neo zerkaute einen Schuh, und Dschinn hatte Durchfall. Manchmal lagen die Nerven vielleicht auch nur deshalb blank, weil die Kinder ihren Papa vermissten, allen voran Lukas, der in dieser Phase ein sprichwörtliches Papakind war. Das musste ich dann auch noch irgendwie ausbalancieren. Meine Achtung vor alleinerziehenden Müttern stieg ins Unermessliche. Einmal blieb Percy vier Wochen am Stück fort – als er zurückkam, war ich urlaubsreif. Ich hatte das Gefühl, wochenlang keine Stunde für mich gehabt zu haben, ich redete genauso wie die Mütter in meinem Vormittagsyoga in Andechs.

Mein Yoga hatte ich mir nicht nehmen lassen. Ich praktizierte jeden Tag – und das gab mir die Kraft, diesen Spagat zu schaffen. Und ich fuhr keinen SUV, sondern einen Viertonner.

Wenn wir Percy am Flughafen abholten, wenn die Kinder auf ihn zurannten und »Papa Papa! Papa!« schrien, wenn wir uns umarmten und ganz fest hielten, alle miteinander. Wenn wir uns in die Augen schauten und alle gleichzeitig zu reden begannen, wenn wir endlich alle eng gequetscht um unseren Tisch im Auto saßen, beide Hunde rechts und links neben Percy, und sie wollten partout nicht weg, dann war es, als ginge ein großes Aufatmen durch uns alle. Das Rudel war wieder vereint.

Aber war es nicht kurios, dass wir in Rollen feststeckten, die wir eigentlich hinter uns lassen wollten? Der Mann verdient das Geld, die Frau hütet die Kinder. Wie konnten wir das ändern? Auf Dauer wollten wir so nicht leben. In vielen nächtlichen Gesprächen reifte der Gedanke, den Familienkreis zu erweitern. Wir wünschten uns Gleichgesinnte, nicht nur ein paar Piraten, die zufällig neben uns parkten. Die waren nett und lustig, aber wir sehnten uns danach, mit anderen Menschen gemeinsam etwas aufzubauen.

Nun waren wir bald ein Jahr unterwegs und hatten nicht nur viele Kilometer zurückgelegt, sondern auch viele Gedanken. Wir waren aufgebrochen, um uns aus einem System zu lösen, das wir als beengend empfunden hatten. Wir hatten geglaubt, wir würden frei sein, wenn wir ins unbekannte Ausland aufbrachen, wohl wissend, dass wahre Freiheit nur im Inneren erwächst.

Doch nun standen wir in bestimmten Situationen vor denselben Engstellen wie in Andechs. Bloß gab es kein System mehr, dem wir das ankreiden konnten. Wir selbst schufen diese Begrenzungen. Also lag es auch an uns, sie aufzulösen.

Back on the road

Im April sattelten wir den Bus und zogen weiter, während das touristische Leben auf Ibiza erneut Fahrt aufnahm. Es war ein schönes Gefühl, wieder unterwegs zu sein, wenngleich wir uns auch ein klein wenig wehmütig fühlten. Wir hatten so viele schöne Momente auf Ibiza erleben dürfen, liebe Menschen kennengelernt, die Kinder hatten Delfine gesehen, sie hatten die Piratenphase abgelöst, und der Bus war für eine Weile zu einem Aquarium geworden. Der Wind zog durch die Fenster, eine Landkarte wehte von der Ablage durch die Luft, und später, wenn wir nach Meinung der Kinder zu lange unterwegs waren, flogen Gegenstände von hinten nach vorn, die drei stritten ohrenbetäubend, die Hunde sprangen auf der Suche nach einem ruhigen Plätzchen unerlaubterweise in die Betten, meine Hände rochen nach Diesel, Diana zauberte die beliebtesten Reisegerichte, die Kinder schliefen beim Schunkeln ein, vielleicht wie sanft in einer Gebärmutter schwappend.

Wir setzten über nach Mallorca, wo es uns lange nicht so gut gefiel wie auf Ibiza. Aber in Palma de Mallorca gab es tatsächlich einen Markt, auf dem Diana vegane Butter erstand. Weihnachtsplätzchen waren jetzt nicht mehr gefragt, aber Osterfladen.

Mallorca kam uns stellenweise vor wie eine deutsche Kolonie. An manchen Orten schien Deutsch die Landessprache zu sein, wir entdeckten zahlreiche deutsche Produkte und deutsche Ketten – Drogeriemärkte, Discounter. Diana war sehr enttäuscht von der Insel. Als Kind hatte sie hier mit ihren Eltern einige Pauschalurlaube verbracht und alles ganz anders in Erinnerung. Wie das eben so ist mit Kindheitserinnerungen …
Ob unsere Kinder später einmal nach Ibiza fahren würden …

und was würden sie suchen … und vor allem: Was würden sie finden?

Ein paar Tage lang erkundeten wir die Insel, entdeckten auch einige wundervolle Buchten, merkten jedoch, dass es auch hier voller wurde. Die Touristen fielen ein. Wir beendeten unser Dasein als Insulaner und setzten aufs Festland über. Wir durchquerten Spanien mit Kurs auf Portugal. Unsere Nachtgespräche veränderten sich. Wir redeten über die Zukunft, suchten nach Perspektiven. Ohne es direkt zu formulieren, war uns beiden klar, dass wir nicht immer nur weiterfahren wollten. Dass das auf die Dauer zu wenig war. Und der Kontakt, die Verbundenheit mit anderen Menschen fehlten.

Vierte Etappe

Wurzeln

In der Sackgasse

In den Pfingstferien reiste Marie einige Tage mit uns. Wir holten sie am Flughafen in Porto ab. Nach der ersten großen Freude bei der Begrüßung und ihrer Begeisterung über das »Wanderleben« wurde es aber schnell eng und unkomfortabel für sie – und auch für uns. Wir mussten alle zusammenrücken. Ich schlief auf dem Dach, die Hunde mussten draußen bleiben, was aber keine gute Idee war, da sie bei jeder Kleinigkeit bellten. Also Hunde wieder rein ins Auto, und Lukas zog zu mir aufs Dach. Zu fünft beziehungsweise zu siebt mit den Hunden waren wir zu einem gut funktionierenden Organismus zusammengewachsen. Zu acht mussten wir uns erst wieder einrichten. Marie hatte keine Lust, allzu oft auf ihre Geschwister aufzupassen, wie in Andechs. Das hätte Diana und mir ein wenig Freizeit verschafft, aber natürlich hatte meine Tochter recht: »Ich bin doch nicht euer Kindermädchen!« Nein, sie hatte Ferien, und die sollten ihr gefallen. Doch für Marie mangelte es bei uns an den Basics. Die Liste der Dinge, die sie vermisste, wurde minütlich länger. Sie wollte ein richtiges Klo, nicht mit dem Spaten raus, wie sah das denn aus, sie war doch nicht Dschinn oder Neo.

»Hunde verbuddeln nicht, eher Katzen«, grinste Diana, was Marie aber nicht so lustig fand wie wir.

Erst recht nicht wollte sie auf unser Plumpsklo – und damit zeigte sich, dass der Apfel nicht weit vom Stamm fällt. Ich habe das Plumpsklo kein einziges Mal benutzt. Ich bin da wie ein Hund, das Revier bleibt sauber.

»Ist es denn zu viel verlangt, wenn man mindestens einmal am Tag duschen will?«, fragte Marie. Und überall der ätzende Sand. Und die Geschwister, die an ihr dranhingen wie Kletten.

Am allerschlimmsten war das löchrige Netz. Marie brauchte WLAN wie Atemluft. Schließlich musste sie mit ihren Freunden chatten, ihre Serien auf Netflix sehen. Sonst verlor sie ja den Überblick. Und zwischendurch brauchte sie auch mal Ruhe, die es bei uns aber nicht gab. »Ich hab schließlich Ferien!«

Diana und ich ertappten uns gegenseitig bei manch versonnenem Blick auf unsere drei Kleinen. Die würden auch irgendwann mal in die Pubertät kommen, und wir waren uns einig: »Dann können wir auf keinen Fall mehr im Auto leben!«

Marie fand Anschluss an eine französische Strandclique und blühte auf.

Diana und ich beobachteten diese Veränderung aufmerksam. Sie passte gut zu unseren Nachtgesprächen – dass Kinder, wie alle Menschen, eine Gemeinschaft brauchen. Doch leider zog die Clique nach zwei Tagen weiter Richtung Lissabon. Marie wollte mit.

»Nein«, sagte ich, während mir durch den Kopf schoss, dass dies vielleicht mein letztes Nein war, das sie akzeptieren musste.

»Ich kann Stockbrot für dich und deine Freunde zum Grillen machen«, bot Diana an, als sie hörte, dass die jungen Leute an ihrem letzten Abend ein Lagerfeuer planten.

»Nein, danke«, gab Marie patzig zurück, fragte aber fünf Minuten später ganz lieb, ob Diana doch etwas vorbereiten könnte.

»Gern.«

Marie fiel ihr um den Hals.

»Pubertät«, seufzten wir, als sie mit den Schüsseln vor der Brust zu ihren neuen Freunden rannte.

Grillen on the road

Stockbrot

Zutaten für ca. 8 Stück
150 ml lauwarmes Wasser
150 ml lauwarme pflanzliche Milch
1 Päckchen Trockenhefe
1 Prise Zucker
400 g Dinkelmehl
1,5 TL Salz

Die Hefe mit dem Zucker in die lauwarme Wasser-Milch-Mischung bröckeln. Verrühren, bis sie sich auflöst. Mehl mit Salz in eine große Schüssel geben.
Alle Zutaten 5–10 Minuten mit Küchenmaschine oder Handmixer verkneten. Schüssel mit einem Tuch bedecken und den Teig an einem warmen Ort mindestens eine Stunde gehen lassen.
Feuer machen; lange Holzstöcke an einer Seite von der Rinde befreien und anspitzen. Teig in 6–8 gleich große Stücke teilen und jeweils zu einem langen Strang rollen. Teigrollen um die Stöcke wickeln. Das Stockbrot 5–10 Minuten (je nach Dicke) über die Glut halten und dabei immer wieder drehen. Nicht ins offene Feuer halten!
Für süßes Stockbrot etwas mehr Zucker nehmen (ca. 1–2 EL, je nach Geschmack) und das Salz auf eine Prise reduzieren.
Weitere Möglichkeiten, um den Teig noch zu variieren:
• gepresste Knoblauchzehen
• frische oder getrocknete Kräuter
• klein gehackte Oliven und/oder getrocknete Tomaten
• Zimt oder Vanille
• Rosinen oder anderes Trockenobst

Gegrillte Avocado mit Bruschetta

Zutaten für 4 Personen
2 Avocados
1 große Tomate
1 EL Olivenöl
1 Knoblauchzehe
Salz & Kräuter nach Geschmack
Zitronen- oder Limettensaft

Die Tomaten halbieren, die Kerne entfernen. Tomaten in kleine Stücke schneiden, in eine Schüssel geben. Knoblauch fein hacken oder durch eine Knoblauchpresse drücken, mit den Tomaten, dem Olivenöl (optional: den Kräutern) mischen und nach Geschmack salzen.
Avocados halbieren, Kerne entfernen, die Hälften mit Olivenöl bestreichen und mit den Schnittseiten nach unten für ca. 5 Minuten auf den heißen Grill legen.
Die Avocados auf einem Teller anrichten, mit etwas Zitronen- oder Limettensaft beträufeln und dann mit den Tomaten füllen.

Gegrillte Pilze mit Balsamico

Zutaten für 4 Personen
4 EL Balsamico
2 EL Sojasoße
3 EL vegane Butter / Margarine
1 EL Ahornsirup oder Agavendicksaft
1 Knoblauchzehe
ca. 500 g Pilze, z. B. Champignons

Den Balsamico mit der Sojasoße, der veganen Butter, dem Ahornsirup/Agavendicksaft und der geschälten Knoblauchzehe in einem kleinen Topf mischen, auf mittlerer Hitze unter

ständigem Rühren auf ca. ⅔ einkochen, sodass eine dickflüssige Creme entsteht. Die geputzten Pilze mit ¾ der ein-
gekochten Soße in einer kleinen Schüssel mischen und ca.
10 Minuten ziehen lassen.

Danach die Pilze in einer grillfesten Pfanne bei geschlosse-
nem Deckel grillen, bis die gewünschte Konsistenz erreicht
ist. Zwischendurch ein paarmal wenden.

Dann mit der restlichen Glasur mischen und anrichten.

Die Kleinen wollten auch grillen, ließen sich dann aber mit
Spaghetti und Tomatensoße zum Dableiben überreden. Das
Nudelwasser kochte noch nicht, da machte es Plopp, und
das Gas war aus. Wir versuchten den Kindern belegte Brote
schmackhaft zu machen, doch sie hatten sich auf Nudeln mit
Tomatensoße gefreut, den ganzen Tag schon. Und sie waren
hungrig – das ist immer eine explosive Stimmung.

Heute war ohnehin ein seltsamer Tag. Zuerst hatte sich Lukas beim Ballspielen das Handgelenk verstaucht. Dann war Simon von einer Biene in die Wange gestochen worden. Er sah
aus, als hätte er einen Luftballon im Mund, und wurde ständig
gehänselt, was ihn rasend machte. Schließlich rammte Lilly Simon ihre Gabel in den Unterarm. Als wir die Lage einigermaßen unter Kontrolle hatten, erklärten alle drei, dass sie mit dem
da und mit der da ganz bestimmt nicht in einem Auto schlafen
würden. Und überhaupt wollten sie sofort zu Marie ans Lagerfeuer.

Als sie endlich in ihren Betten lagen, ich spielte zur Beruhi-
gung noch ein bisschen Gitarre, hängten wir die Fenster zu,
verdunkelten den Bus, damit sie vom Schein des Lagerfeuers
nicht geweckt wurden, und schlichen ein paar Meter weg. Wir
waren beide fix und fertig.

»Und was machen wir jetzt?«, fragte ich.

»Was machen wir überhaupt?«

»Manchmal habe ich den Eindruck, wir haben uns ein bisschen verfahren.«

»Verfahren?«, wiederhole Diana. »Wo wollten wir denn heute hin?«

»Nicht heute, ich meine insgesamt. Dass wir in einer Sackgasse gelandet sind.«

»Du meinst, weil die Kinder mehr Kontakt brauchen?«

»Wir doch auch, oder?«

»Na ja, es ist nicht so, dass wir keine Leute um uns hätten.«

»Natürlich nicht. Wir haben auch total liebe und nette Menschen kennengelernt.«

»Und jede Menge Surfer und Kiffer an den Stränden.«

»Auch zu Hause gibt es viele liebe Menschen. Und unsere Familien.«

»Zu Hause.«

»Ja, zu Hause.«

»Ist es da noch?«

»Ich weiß nicht. Ich glaub nicht. Aber irgendwie doch.«

»Wo ist das für dich, zu Hause?«

»Wo wir sind, und wo die Kinder sind, natürlich.«

»Ja. Bei mir auch.«

»Und … auf der Erde. Überall. Im Universum.«

»Ja, bei mir auch.«

»Aber jetzt hat Marie Ferien. Sie will was erleben.«

»Das kann ich verstehen. Ich war in ihrem Alter genauso.«

»Und die Kleinen hätten sicher auch nichts dagegen.«

»Also tun wir's?«

»Du meinst, wir geben uns den blanken Horror?«

»Ja.«

»Hast du schon einen in Aussicht?«

»Ich hab vorhin mal gegoogelt.«

»Ist er weit weg?«

»52 Kilometer.«

»Kostet?«

»80 pro Tag für uns.«

»Hunde erlaubt?«

»Einen Zehner pro Hund pro Tag.«

»Also 100 komplett.«

»Ja.«

»Und was kriegen wir dafür?«

»Einen handtuchgroßen Fleck auf Kies, sechs Schwimmbecken, auch für Nichtschwimmer, Riesenrutsche, Pommes, Kinderdisco, Beachballfeld, Tennisplatz, Animation, Kinderprogramm, Waschmaschine, Stromanschluss …«

»WLAN?«

»Logo.«

»Das wird ekelhaft.«

»Ja.«

»Vielleicht ist er voll.«

»Bestimmt ist er total überfüllt.«

»Ja, das glaub ich auch.«

»Aber dann haben wir es wenigstens versucht.«

»Ja, wir haben es wenigstens versucht. Das sagen wir Marie dann morgen.«

»Also, ruf mal an.«

»Wieso ich?«

»Ist doch nicht ansteckend, da mal anzurufen.«

»Okay, ich ruf an.«

»Sie haben Glück!«, rief eine Frau in akzentfreiem Deutsch. »Vor einer Minute hat eine Familie abgesagt. Sie können morgen um elf einchecken. Aber leider nur für drei Tage.«

»Das ist nicht Ihr Ernst«, sagte ich betroffen.

»Doch, leider«, bedauerte sie.

»Normalerweise haben wir immer Glück!«, rief ich.

»Aber Sie haben doch Glück!«, entgegnete sie. Ihr Glück war unser Pech. Aber drei Tage würden wir schaffen. Aus Liebe. Aus Liebe schafft man alles. Auch einen Campingplatz.

Für Diana und mich war es entsetzlich, die Kinder liebten es, und deshalb gefiel es uns auch ein bisschen, aber es war trotzdem fürchterlich. Und teuer, das altbekannte Spiel.

Papa, kann ich ein Eis haben?

Bitte, bitte, ich will eine Luftmatratze!

Kann ich bitte Pommes?

Alle Kinder haben so was!

Wieso kriegen wir das nicht?

Mama, bitte, bitte, bitte kauf mir einen roten Badeanzug!

Papa, ich werde nie mehr lachen, wenn ich das Schwimmtier nicht kriege!

Marie war überglücklich. Sie fand schnell Anschluss an Gleichaltrige und war begeistert von dem Programm für Jugendliche. Sie ritt auf einem schwarz-weiß gescheckten Pferd, studierte in einer Gruppe eine Choreografie ein und freundete sich innerhalb eines Tages so eng mit einem anderen Mädchen an, dass man glauben konnte, die beiden würden sich seit Jahren kennen, so, wie sie um die Wette kicherten. Die Jungs hatten rote Augen vom Chlor. Die Riesenrutsche war ihr größtes Vergnügen, und gleich danach kam das Sprungbrett. Wahrscheinlich sprangen sie hundert Mal am Tag, wenn das reicht. Ich brachte ihnen den Rückwärtssalto bei und hatte auf einmal ein Dutzend Knirpse um mich, die ihn auch lernen wollten. Irgendwann fragte mich ein Campingplatz-Manager, ob ich Interesse an einem Job als Animateur hätte.

»Du machst Witze!«, stieß ich hervor.

»Eine Woche Probezeit, Verpflegung und Unterkunft frei, 500 Euro im Monat.«

Diana bekam einen Lachanfall, und da konnte ich natürlich nicht widerstehen. Wir lachten beide Tränen.

»Und weißt du, was am schlimmsten war?«, gestand ich ihr, als wir uns beruhigt hatten.

»Sag's mir!«

»Dass ich einen Sekundenbruchteil überlegt habe, ob ich den Arbeitsvertrag unterschreiben soll. Es hätte mir wahrscheinlich Spaß gemacht.«

Wir saßen am Rand eines Schwimmbeckens, es war so laut, dass man sein eigenes Wort kaum verstand. Kinder können ja nicht baden, ohne zu kreischen, da muss es irgendeine mysteriöse Verbindung geben. Amüsiert beobachteten wir das Treiben.

Dann sagte Diana: »Wenn es uns hier gefallen würde, könnten wir bleiben.«

»Ja«, erwiderte ich. »So sieht Freiheit aus. Wir könnten hier bleiben, arbeiten. Tagsüber animiere ich, und abends mache ich Paddleboardyoga im Pool.«

»Das machst du doch so auch.«

»Ja, aber nur mit unseren.«

»Das reicht mir ehrlich gesagt auch.«

»Ja. Deswegen fahren wir übermorgen weiter.«

»Aber wir fahren nicht für immer?«

»Nein, das glaub ich auch nicht mehr.«

»Na ja, was ist schon für immer?«

»Für immer ist genau genommen auch nur jetzt.«

Paradiese

So wie Marie sich im Bus nicht entspannen konnte, fühlten Percy und ich uns auf unserer Parzelle mit handtuchgroßem Vorgarten nicht wohl.

Rechts und links eingeparkt von Hymer-Wohnmobilen, hatte ich manchmal das Gefühl, keine Luft mehr zu kriegen. Überall roch es nach Grillfleisch. Die netten Nachbarn luden uns ein. Sie kamen aus Nürnberg.

»Des is scho a traumhafts Blätzla do, a richtigs Baradies, oda ned?«

Wir nickten.

»Mier sin scho seid Urzeidn do.«

Wir nickten.

»Beschdimmt scho seid fuchzehn Joahr.«

Wir nickten.

»Und imma auf daselben Bazelle.«

»Brima«, sagten wir.

Im Paradies aßen wir fettige Pommes und fettige Pizza und Eis, das nach nichts schmeckte. Nachts im Bett hatte ich noch das Kreischen der Kinder von der Rutsche in den Ohren.

Marie kicherte im Schlaf. Ich war hellwach, Percy auch. Wir ließen die Hunde beim Wagen und liefen am Strand entlang. Neo hatte das mit dem Aufpassen noch nicht so richtig verstanden, oder er hatte sich mit Dschinn abgesprochen, der die erste Schicht übernahm, und folgte uns. Zum Glück war er nicht so groß geworden wie befürchtet, aber in eine Handtasche hätte er nicht gepasst, und in den zwei Tagen auf dem Campinglatz hatte er vermutlich vier Kilo zugenommen. Er sah aus wie eine prall gestopfte Wurst. Ich erzählte Percy, dass ich in den letzten beiden Tagen öfter an Andechs gedacht hatte.

»Ich auch«, erwiderte er. »Da hatten wir das letzte Mal einen Vorgarten.«

»Aber der war schöner.«

»Und größer!«

»Hier erinnert mich manches an das sesshafte Leben«, fuhr ich fort. »Wobei Andechs ja nicht mit einem Campingplatz zu vergleichen ist.«

»Andechs *ist* ein Campingplatz«, grinste Percy und spielte auf die vielen Wohnmobile an, die vor dem heiligen Berg parken, auch über Nacht, weil manche Pilger andächtig tief in den Bierkrug blicken.

»Der Ammersee ist auch schöner als sechs Schwimmbecken.«

144

»Ich vermisse manchmal unsere Yoga Lounge am Pilsensee.«

Wir sahen sie beide vor uns. Der Graf zu Toerring-Jettenbach hatte uns ein Seegrundstück zur Verfügung gestellt, um dort Yoga zu praktizieren. Mitten im Naturschutzgebiet, eine Idylle. Hier unterrichtete Percy vor allem SUP-Yoga und bildete Teacher aus. Es war das pure Glück … und wir hatten es verlassen wie der Fußballtrainer auf dem Gipfel seines Erfolges.

Eng umschlungen gingen wir zurück zum Wagen. Wir konnten kaum etwas erkennen, so finster war die Nacht, doch mit dem Morgenlicht würde Klarheit kommen.

Sie kam ehrlich gesagt mit dem blauen Licht des Smartphones, denn noch vor dem Morgengrauen hatten wir Begriffe gefunden, die wir googeln konnten. Viele Gespräche während der letzten Wochen waren zu Samenkörnern geworden, für die wir nun eine gute Erde suchten. Wir wollten unsere kleine Familie in eine größere einbetten. Und fanden … Tamera. Schon die Überschrift der Website elektrisierte uns: *Wir arbeiten für einen globalen Systemwechsel. Von Krieg zu Frieden, von Ausbeutung zu Kooperation, von Angst zu Vertrauen.* Tamera besteht seit 1978. Was mit einer kleinen Gruppe begann, hat sich zu einer Gemeinschaft von etwa zweihundert Menschen und zu einem wachsenden internationalen Netzwerk entwickelt. Wir öffneten Google Maps – nur 150 Kilometer trennten uns von diesem Paradies!

Wir hatten in der Vergangenheit öfter von Ökodörfern gehört, allen voran *Sieben Linden*, das bekannteste in Deutschland. Einmal hatten wir einen Film über Ökodörfer gesehen, in denen Menschen auf nachhaltige Weise zusammen wohnen und arbeiten – und es werden immer mehr. Angesichts ökologischer und ökonomischer Krisen, Armut im Süden und urbaner Einsamkeit im Norden gründen sich überall auf der Welt neue Gemeinschaften. Gerade in den Industrienationen ist die Einsamkeit ein großes Thema, auf das sogar die Politik reagiert, und die wartet ja normalerweise, bis es brennt. Der aktuelle Koalitionsvertrag verspricht, der »Einsamkeit in allen Altersgruppen vorzubeugen« und »die Vereinsamung zu bekämpfen« – mutmaßlich nicht aus Nächstenliebe, sondern um die hohen Kosten zu minimieren, die Einsamkeitsschäden hervorrufen. Wer einsam ist, ist auch unglücklich. Der Mensch ist ein soziales Tier, das am besten in einer Gruppe überlebensfähig ist.

Aber natürlich stellen sich die meisten Leute etwas anderes vor als das Leben in einer Gemeinschaft. Warum eigentlich? Warum existiert in vielen Köpfen diese Angst vor … ja, was ist es? Kommune? Kommunismus?

Seit 2018 gibt es in England ein Ministerium für Einsamkeit. Auch zwischen 10 und 15 Prozent der Deutschen leiden zeitweise unter Einsamkeit. Bei den über 85-Jährigen sind es 20 Prozent. Das korrespondiert mit der Wohnsituation: 42 Prozent der Deutschen wohnen in einem Singlehaushalt. Es sieht so aus, als würden die geburtenstarken Jahrgänge im Alter eine sehr einsame Generation – ein Preis für ihre individualistische Lebensgestaltung? Früher dachte man, Einsamkeit sei eine Folge von Armut und Krankheit. Heute weiß man, dass sie Armut und Krankheit auslösen kann. Es gibt viele Ansätze, die Einsamkeit zu lindern. Einer davon ist das Leben in einer Gemeinschaft. Und das wollten wir uns jetzt mal genauer ansehen, auch wenn Einsamkeit für uns im Moment kein Thema war, eher ein Wunsch. Wir hätten beide viel dafür gegeben, hin und wieder zumindest allein sein zu dürfen. Doch Tamera sprach uns in anderer Hinsicht aus dem Herzen. Hier versammelten sich Menschen aus der ganzen Welt, die sich seit Jahren mit Themen auseinandersetzten, die auch uns bewegten. Was wir hier lernen konnten! Menschen, bei denen wir uns nicht würden verteidigen müssen. Weil wir vegan leben, weil wir

Alternativen zum deutschen Schulsystem suchen, weil wir uns für den Weltfrieden engagieren wollen, weil wir für freie Liebe einstehen. Viele Kinder, für die sich alle Erwachsenen verantwortlich fühlen. Leben und Wirken mit Gleichgesinnten und: kein Winter! Das ganze Jahr über Sonne. In Flipflops durch den Dezember.

Tamera

Diesmal hatten wir Glück in unserem Sinn. Wir ergatterten einen Platz in einem Einführungsseminar zum Gemeinschaftsleben, weil, eine Minute bevor ich anrief, jemand abgesagt hatte. Einen kleinen Wermutstropfen gab es jedoch. Nur einer von uns konnte teilnehmen. Das sollte Diana sein. Ich würde mich um die Kinder kümmern, schließlich hatte Marie noch ein paar Tage Ferien.

Unser Vorschlag stieß auf wenig Begeisterung. Obwohl die Kinder gewusst hatten, dass wir nur drei Tage auf dem Campingplatz bleiben würden, wollten sie nicht weg und wehrten sich lautstark, mit Händen und Füßen. Wir schwärmten von Tamera. Dort gab es auch ein Freizeitprogramm für Kinder. Unsere eigene Begeisterung und Neugier steckten sie schließlich an, und so verließen wir das *Baradies* einigermaßen fröhlich. Auf nach Tamera!

»Papa, haben wir jetzt ein Ziel?«, fragte Lukas.

»Ja, mein Sohn«, sagte ich.

Ich freute mich sehr, dass Marie noch bei uns war. In Tamera konnte ich meiner Sechzehnjährigen etwas anderes zeigen als Serien und Party und Eiscreme. Auf dem Weg ins gelobte Land schauten wir uns auch den Steinkreis von Évora an, den bedeutendsten Cromlech in Portugal und deutlich älter als Stonehenge. Aber wir mussten uns eingestehen, dass wir nach unzähligen Sehenswürdigkeiten in den letzten Wochen nicht mehr aufnahmefähig waren. Ja, wir waren in gewisser Weise gesättigt vom Anschauen und Informationensammeln. Die Kinder waren müde und schlecht gelaunt nach den Tagen auf dem Campingplatz, die Bäuche voller Pommes und Eis. Sie hatten gerade keine Lust zum Reisen. Sie wollten auch nicht dauernd aussteigen und irgendetwas Neues hören. Wir mussten akzeptieren, dass sie mit einem Besuch in einem Pizza-Hut leichter zu motivieren waren als mit Weltkulturerbe. Auch Marie waren die Schlösser egal. Sie wollte jetzt genauso schnell wie wir nach Tamera.

Fata Morgana

Lange waren wir über staubige Pisten gefahren, so lange, dass die Kinder immer wieder fragten: »Wann sind wir da?« Sie spürten unsere Anspannung und Vorfreude und wurden ungeduldig. Ja, wann sind wir endlich da, das fragten wir uns auch, denn dieses Ziel war anders als die Orte zuvor. Kilometer für Kilometer durchquerten wir eine karge Landschaft, die aber auch von Eukalyptus- und Korkeichenplantagen abgewechselt wurde. Dennoch hätte es uns nicht gewundert, wenn Steppenläufer wie in einem Western am Kühler vorbei über die kleinen Straßen gerollt wären. Die staubtrockene Luft flirrte.

Es war so heiß, dass wir eine Fata Morgana sahen. Einen See. Mitten in der Steppe.

Oder?

»Siehst du das auch?«, fragte ich Percy.

»Kinder, wir sind da!«, rief er.

»Wo?«, fragte Lilly.

»Im Silicon Valley des Friedens«, erinnerte ich mich an einen Satz aus dem Internet. Mit einem Schlag waren alle Versprechungen vom gelobten Land wahr geworden. Mitten in der Wüste Wasser, ein See, viele Seen! Eine fruchtbare, blühende Landschaft. Wir rissen die Augen auf, weil wir kaum glauben konnten, was sich aus dem Nichts materialisierte … ein Paradies!

Die Tameraner haben es geschafft. Sie zeigen, wie der Bedrohung der »Verwüstung« ganzer Regionen kreativ begegnet werden kann. Denn die herkömmliche Herangehensweise, große Staudämme anzulegen, löst das Problem der Wasserknappheit in Südeuropa nicht, im Gegenteil, sie verstärkt das Symptom. Portugal, Spanien, Italien und Griechenland leiden zunehmend unter Sommerdürre. Dem Winterregen gelingt es nicht, in die harte Erde einzusickern. Er schwemmt fruchtbaren Humus in die Täler, die Flüsse, ins Meer. Zurück bleiben Sand und Steine – Bäume sterben, Wälder brennen, und immer mehr Landwirte geben nach einem verzweifelten Kampf ihre Höfe auf.

Das Verschwinden des Mutterbodens wird auch in Deutschland zu einem immer größeren Problem. Blitzartig erinnerte ich mich an ein Gespräch mit einem Bauern aus Andechs, der mir die Zusammenhänge erklärt hatte. Die intensive Landwirtschaft, wie sie heute mit schweren Maschinen betrieben wird, verdichtet den Boden und zerstört die natürlichen Abflusskanäle in der Erde für Regen. Der enorm gewachsene Mais-Anbau erhöht das Erosionsrisiko. Erde, Steine und Sand werden in Bäche und Flüsse geschwemmt, die verschlammen. Dadurch verschwinden immer mehr Arten, die ohnehin immer weniger Platz in den – meist betonierten, gestauten und umgeleiteten – Flussbetten haben. Bei Starkregen treten die Flüsse über die Ufer und verursachen Überschwemmungen, wodurch wiederum Erosion begünstigt wird. Ganz zu schweigen von der Überdüngung der Felder. In Andechs gab es immer wieder einmal Alarm, und die Bewohner wurden aufgefordert, kein Wasser aus der Leitung zu trinken. Wasser! Unsere Lebensquelle! Wie hilflos ich mich damals gefühlt hatte. Denn was konnte ich allein schon tun … und ich wohnte ja nicht mal in einer Dürreregion Afrikas, sondern im Flüssig-Biotop Bayern. Dennoch verschlechterte sich auch hier die Qualität des Trinkwassers, und manchmal wurde so brechreizerregend geodelt, dass wir die Wäsche vom Garten ins Haus retten mussten.

Um den Wasserkreislauf zu reparieren, legten die Tameraner 2007 unter der Federführung von Sepp Holzer eine Retentionslandschaft an: Das Wasser wird dort gehalten, wo es abregnet.

»Mama, hier ist ja alles grün!«, staunte Simon.

»Der Streifen am Ufer, das sind bestimmt die essbaren Landschaften«, dachte Percy laut. An den Uferterrassen des Sees hatten die Tameraner einige Tausend Obstbäume und Sträucher gepflanzt. Wie im Paradies war hier Lustwandeln und Ernten erlaubt, und keine Schlange petzte beim Chef. Das Wasser hatte zu einem beeindruckenden Artenreichtum geführt, sogar Fischotter siedelten sich an – in der Wüste Portugals! Auch die Vögel kehrten zurück. Knapp hundert verschiedene Vogelarten brüten in Tamera, einige von ihnen kennt man normalerweise nur aus wasserreichen Regionen.

Der See glitzerte in der Sonne. Kinder planschten im Wasser.

»Mama, ich will auch schwimmen!«

»Ich auch.«

»Ich zuerst!«

Ich sah ein Kanu. Ein Zirkuszelt am Ufer. Noch mehr Kinder.

Jurten, Tipis, bunte Wohnwagen, Solarpaneele. Auch der Strom wird am Ort gehalten. Durch Fotovoltaik ist der Verbrauch zu 60 Prozent gedeckt. Im Solar Village forschen Visionäre, Ingenieure und andere kluge Köpfe interdisziplinär nach alternativen Möglichkeiten der Stromerzeugung. Nebenan kümmern sich andere Tameraner um eine ökologische Architektur; es wird intensiv an Baumaterial geforscht. Welche Alternativen gibt es zu Beton? Bauen mit Lehm hat eine lange Tradition in Portugal. Durch die Kombination der traditionellen Materialien mit mordernster Solararchitektur entstehen futuristische Designs, in deren behaglichen Räumen keineswegs auf den Komfort eines modernen Lebens verzichtet werden muss. Zurück zur Natur heißt nicht, zurück in die Strohhütte. Wir sind gesegnet mit unglaublichem Erfindungsreichtum, doch oft wird er leider zum Schaden der Menschheit eingesetzt – zum Beispiel, um Waffen zu konstruieren. Wie viel könnten wir erreichen, wenn unsere Ziele vom Frieden beseelt wären! Die Tameraner arbeiten für eine Erde frei von Krieg, für eine Liebe frei von Angst und für Versöhnung zwischen Völkern, Religionen, Menschen, Naturen, Geschlechtern. Und für eine auf Vertrauen basierende Kooperation zwischen allen Wesen, Menschen und Tieren.

Wir passierten das erste Tor ins Paradies, fuhren an einer herrlichen Pinienallee entlang. Links eine Koppel, auf der Wildpferde grasten.

»Mama, darf ich mal reiten?«

»Ich auch!«

»Ich will lieber Quad fahren.« Das kam von Lukas.

»Ja«, sagte ich. Zu mehr war ich nicht imstande. Ich war vollkommen überwältigt von Tamera. Das hier war etwas ganz anderes als die Bilder im Internet. Hier roch es nach Heimat. Nach der Verwirklichung auch unserer Vision.

Stundenlang waren wir durch Ödnis gefahren, über dunklen, harten Lehmboden, es hatte mindestens 50 Grad in der Sonne, und nun spross aus diesem Boden das Paradies mit einer Wasserlandschaft.

»Der Garten Eden!«, entfuhr es mir.

»Was ist das?«, fragte Lukas.

»Wir sind angekommen«, sagte ich.

»Dann werde ich uns jetzt mal anmelden«, sagte Percy.

Ich marschierte in den Officecontainer. Eine wunderschöne braun gebrannte Frau strahlte mich an.

»Hello«, sagte ich.

»Servus«, antwortete sie und grinste breit. »Ich hab euer Nummernschild gesehen. Ihr seid Bayern?«

»Gewesen«, sagte ich. Im Moment wollte ich nur eines: Tameraner sein.

Sie wies auf einen Stuhl vor ihrem Schreibtisch. Ein Ventilator surrte.

Sie tippte, blickte auf ihren Bildschirm und schaute mich dann wieder an.

»Ich würde mich gern anmelden«, sagte ich. »Und meine Kinder und meine Frau auch.«

»Seid ihr eingetragen?«

»Ja. Also Diana, meine Frau. Sie hat einen Platz im Einführungsseminar.«

»Also für zwei Wochen.«

»Genau genommen eigentlich länger.«

»Wie lange?«

»Also, ehrlich gesagt, für immer.«

Die schöne Frau lachte. »Den Satz höre ich jeden Tag.«

»Ich meine das ernst.«

»Ich auch.« Sie schaute auf ihren Bildschirm.

»Wir sind schon lange unterwegs«, begann ich zu erzählen. »Wir dachten, wir fahren immer weiter. Aber jetzt spüren wir, dass wir angekommen sind.«

»Hier hab ich was«, strahlte die Frau plötzlich. »Wie wäre es mit dem Seed Camp im Anschluss?«

»Speed Camp?«, wiederholte ich.

Laut platzte sie heraus und wiederholte: »Seed. Samen! Alles entsteht mit einem Samen. Zum Beispiel in der Landwirtschaft. Ihr lernt Anpflanzen.«

»Das nehm ich«, sagte ich. »Bitte fünf Mal.« Die Sahne sparte ich mir diesmal.

»Zwei Plätze sind noch frei. Das Seed Camp startet direkt nach dem Einführungsseminar.«

»Und was kommt danach?«

»Nichts mehr. Dann sind die Sommercamps vorbei.«

Ich setzte an, um abermals Einspruch zu erheben, merkte jedoch, dass es keinen Sinn hatte.

Vielleicht sollten wir erst mal das Auto parken. Vielleicht könnte sich unser treuer Bus tief in die Erde Tameras graben. Dem guten alten Gefährt traute ich alles zu. Er würde sich fest verwurzeln in dieser Retentionslandschaft, wie die Kinder und Diana und ich auch, und dann wäre allen klar, dass wir hierher gehörten.

Die Frau schien meine Gedanken gelesen zu haben. »Braucht ihr einen Stellplatz mit Wasser und Strom?«

»Ja, gern.« Wasser war gut. Da würden die Wurzeln noch schneller wachsen.

Sie wies vage nach links. »Ihr werdet am Platz eingewiesen. Ich kann dir allerdings nicht zusichern, dass ihr Schatten findet. Wahrscheinlich sind alle Bäume besetzt.«

»Egal«, sagte ich.

»Es kann sehr heiß werden.«

»Egal«, wiederholte ich.

Sie lächelte mitfühlend. »Tut mir wirklich leid, aber Tamera hat nur 120 Hektar. Die Regierung hat verfügt, dass wir im Moment keine weiteren Gebäude bauen dürfen. Die mobilen Unterkünfte haben eine kritische Zahl erreicht. Wir sind zwar im Moment in Verhandlungen, doch jetzt gerade könnt ihr nur in der Gästesaison von April bis November an Seminaren und Workshops teilnehmen.«

»Und zwischen Dezember und März?«

»Machen wir intern weiter.«

»Wie komme ich nach intern?«

Grinsend schüttelte sie den Kopf. »Du bist ganz schön hart-näckig!«

»Ich spüre einfach, dass das hier unser Platz ist.«

Sie zögerte. »Es gibt ein Aufnahmeprozedere. Das dauert aber mehrere Monate. Und ihr würdet natürlich mitarbeiten. Aber wie gesagt, im Moment haben wir einen Aufnahmestopp.«

»Wenn ihr mal gegessen habt, was Diana kocht, dann sollten wir uns noch mal unterhalten. Sie hat sogar ein Buch darüber geschrieben, *Karma Cooking*. Und ich …«

Sie unterbrach mich mit einer bedauernden Geste. »Schaut mal lieber, dass ihr noch einen Baum erwischt.«

Diana unterhielt sich, im Schatten am Bus lehnend, mit zwei muskulösen Männern in durchgeschwitzten Shirts; einer trug eine Schaufel über der Schulter.

Ich hatte große Lust, sie mir zu leihen und irgendwo mit dem Graben zu beginnen. Ich wollte mich mit der Erde Tame-ras verbinden. Die Kinder waren weg. Diana bemerkte meinen suchenden Blick. »Da drüben«, sagte sie. Und ich sah Lilly auf einem Trampolin springen, während Simon bereits den Dress-code des Paradieses vorführte. Lukas, ganz großer Bruder, trug seine Klamotten. Alle drei Kinder strahlten – sie fühlten sich pudelwohl.

Die Vierte wollte nur eins: weg. Und das, obwohl es ein Ju-gendcamp gab. Mit Engelszungen redete ich auf Marie ein. Es wäre mir so wichtig gewesen, sie in Kontakt mit den Themen des Jugendcamps zu bringen, in unserer Krisenwelt kreativ für die Natur und ein gutes Miteinander zu wirken.

Aber Marie sah nur die Kompostklos. Und so wie sie den Spaten verabscheut hatte, rastete sie nun hier ein beziehungs-weise aus. Auf so was würde sie nicht gehen. Und überhaupt wollte sie nach Hause. Sofort.

»Aber Marie! Hier sind hundert junge Leute in deinem Al-ter!«

»Aber man kann nur an einer Stelle ins Netz.«

»Es gibt ein Leben ohne Netz.«

»Für dich vielleicht, Papa.«

Beim Abschied am nächsten Mittag am Flughafen ließ sie mich, fast ein wenig triumphierend, wie mir schien, wissen: »Ich war kein einziges Mal auf dem Kompostklo!«

»Brima«, lobte ich mit unserer derzeitigen Nummer-eins-Redewendung.

Schnee is schee

Während Percy sich um die Kinder kümmerte, wobei er nicht viel zu tun hatte, weil sie in Tamera schnell Anschluss fanden, lernte ich die Basics, wie Gemeinschaften funktionieren. Alles in mir saugte diese Informationen auf, die Theorie begeisterte mich.

Hier bekam ich Antworten auf Fragen, die mich seit Jahren beschäftigten, aber ich hatte sie noch nie so konkret formuliert. Und ich hatte auch eher Fragezeichen als Lösungen gefunden. Tamera war eine faszinierende, kunterbunte Antwort. Über zweihundert Menschen lebten hier seit fünfundzwanzig Jahren friedlich zusammen und hatten unglaublich viel geschafft, vereint in einer gemeinsamen Vision, anstatt dass jeder in seiner Kleinfamilie hinter Mauern vor sich hin wurstelte.

Sobald die Kinder schliefen, erzählte ich Percy, was ich alles gelernt und erfahren hatte. Das Wiederholen des Stoffes festigte ihn – und ich wollte nie wieder weg aus dieser Schule des Lebens, in der sich Menschen aus aller Herren und Damen Länder austauschten.

Percy hatte tagsüber andere Erfahrungen gesammelt, mit Leuten gesprochen, hier und da mitgeholfen – Gemeinschaftsdienst gehörte zum Aufenthalt – und erzählte mir von seinen

Eindrücken. Wenn wir sie zusammenwarfen, war für uns beide klar, dass unsere Zukunft an einem solchen Ort stattfinden sollte, idealerweise hier. Tamera war das Ziel unserer Sehnsucht. Wir sprachen mit unzähligen anderen Leuten, manche lebten hier, andere kamen jedes Jahr – viele waren traurig, dass sie nicht für immer bleiben konnten.

Eines Tages erzählte uns Inger aus Husum von Schönsee. »Das muss irgendwo bei euch unten in Bayern liegen. Da hat sich erst vor Kurzem eine Gemeinschaft gegründet.«

Davon hatten wir schon mal gehört. War das nicht das Luxushotel, in dem früher der bayerische Ministerpräsident Franz Josef Strauß Hof gehalten hatte? Und war da nicht die Rede von einem Jagdmuseum gewesen? Also ganz gewiss kein Wohlfühlambiente für Veganer, so hatten wir damals gedacht und uns nicht mehr darum gekümmert. Doch nun hörten wir den Namen Schönsee abermals. Und er klang verheißungsvoll in unseren Ohren. Am Ammersee waren wir gestartet, auch ein schöner See, bislang der schönste, weil er zu unserer Heimat gehörte, die sich reduziert hatte auf Wasser. Wir wollten am Wasser leben. Nah am Meer, so wie hier in Tamera, wo essbare Landschaften den See säumten und der Atlantik nur zwanzig Minuten entfernt war. Aber jetzt gerade gab es hier keinen Platz für uns. Und in Schönsee?

Abends recherchierten wir im Netz. Diana las vor: 10 000 Quadratmeter Wohnfläche, fünf Hektar Grund. Außenrum Wald, Wiesen, wunderbar. Die als Genossenschaft organisierte Gemeinschaft befand sich im Aufbau und freute sich auf Helfer und neue Bewohner, die mitgestalten wollten.

Wir schauten uns an. Mitgestalten. Das war es. In Tamera hatten wir wenig Spielraum. Hier war alles schon fertig. In Schönsee begann es. Dort versammelten sich Menschen, die gemeinsame Ziele verfolgten. Alles war offen, alles war frei, Ideen willkommen. Und in zwei Wochen würde ein Kennenlern-Sommercamp beginnen.

Diana und ich mussten kein Ja aussprechen, wir lasen es uns von den Gesichtern ab. Doch huschte da ein Schatten über Dianas Züge?

»Es ist wegen des Wetters«, sagte sie. »Schönsee liegt in der Oberpfalz.«

»Es gibt auch milde Winter«, entgegnete ich. »Außerdem ist ein bisschen Schnee doch auch mal ganz schee.«

Auto immun

Normalerweise fuhren wir auf kleinen Straßen, jetzt wählten wir einen ziemlich direkten Weg zurück nach Deutschland, ohne jedoch stur über die Autobahn zu brettern. Zugegeben, brettern ist das falsche Wort für das gemütliche Schunkeln in unserem Bus. Wir fühlten uns wie Seeleute, die nach einem Landgang endlich wieder Planken unter den Füßen hatten. Und waren wir das nicht sogar auf dem Seegrund unseres Herzens … Piraten?

Auch die Kinder waren wieder gern an Bord, noch mal feste winken, und kurz darauf hatten sie ihre neuen Freunde vergessen. Nein, natürlich nicht, aber sie weinten ihnen auch nicht nach. Sie waren im Jetzt, wie es Kindern eigen ist, und Tieren auch, und jetzt waren wir unterwegs.

»Papa, fahren wir noch immer ins unbekannte Ausland?«, wollte Simon wissen.

»Ja und nein«, sagte ich.

Fragend schaute Diana mich an.

»Unbekannt ja, Ausland nein«, präzisierte ich.

»Also fahren wir ins halbe Ausland und …«

»Nein, ins bekannte Ausland!«, rief Lukas.

»Das klingt nach höherer Mathematik.«

»Gibt es auch niedrige Mathematik?«, wollte Lilly wissen.

»Ja, für dich«, stichelte Simon wenig charmant.

»Aber ich kann schon bis hundert.«

»Ich auch.«

»Aber nicht so gut wie ich, gell, Papa, ich kann besser bis hundert und tausend und Million, Vielion, viele Vielionen.« Eine Hand, auf der die Finger tanzten wie im Abzählreim, fuchtelte vor meinen Augen herum.

»Hinsetzen! Sofort!«

Alles wie immer. Wir waren wieder unterwegs. Durch die geöffneten Fenster föhnte uns die heiße Luft Portugals, wir kamen uns vor, als säßen wir in einem Backofen. Eigentlich waren wir sieben Muffins, und irgendjemand hatte soeben die Luke geöffnet.

Nach den Wochen in Tamera sahen wir die Landschaft völlig anders als bei der Hinfahrt. Es wurde uns eigentlich erst jetzt richtig bewusst, was die Tameraner geleistet haben. Unser Blick hatte sich verändert. Es war genauso, wie wir es einmal auf einer Waldwanderung mit einem Naturschützer erkundet hatten. Was für uns schön aussah – so viel Grün und so viel unberührte Natur –, war für ein geschultes Auge ein Bild des Jammers.

Eines Tages am Meer bei Donostia-San Sebastián fiel uns auf, dass Lukas' Gesicht um die Augen herum geschwollen war.

Haben wir einen blinden Passagier an Bord? Oder gar mehrere Mücken?, fragten wir uns. Wir hatten kein Sirren gehört und die Kinder auch nicht, und der Wind hatte kräftig geblasen in der Nacht. Diana untersuchte Lukas' Gesicht, fand aber keinen Einstich.

»Juckt es?«

»Nein.«

»Merkst du irgendwas?«

»Nein.«

Während wir abspülten und aufräumten, spielte Lukas mit seinen Geschwistern. Als wir losfahren wollten, kam es uns vor, als wäre die Schwellung gewandert. Jetzt saß sie mehr an der Stirn – oder bildeten wir uns das ein? Wir machten ein Foto. Zwei Stunden später war Lukas' rechte Wange geschwollen. Danach das rechte Auge. Wir googelten Wanderschwellung und andere Stichworte, fanden aber nichts, was uns weiterhalf, im Gegenteil. Litt Lukas vielleicht an einer Loa-loa-Infektion? Die wird durch einen Wurm übertragen, kommt aber eigentlich nur im tropischen Regenwald in Westafrika vor. Oder hatte er eine Zahnwurzelentzündung? Ein Ödem? Eine allergische Reaktion?

Das erschien uns am wahrscheinlichsten.

»Lukas, was hast du gegessen?«

»Das Gleiche wie ihr.«

Mit Hausmitteln versuchten wir, Abschwellung zu erreichen, doch auch sie halfen nicht. Kein Teebeutel, keine Kühlung. Also steuerten wir am Spätnachmittag einen Kinderarzt an. Es war das erste Mal, dass wir unterwegs – außer beim Zahnarzt – mit einem Kind im Ausland beim Arzt waren. Mir waren deutsche Praxen bekannt – was ich hier sah, befremdete mich. Die Praxis befand sich im Keller, und die Tür war so schmutzig, dass ich zurückzuckte, ehe ich sie öffnete. Auch die weißen Steinfliesen waren schmutzig, und in dem dunklen Gang flackerte klickend eine defekte Neonleuchte. Wir waren die einzigen Patienten, was kein gutes Zeichen gewesen wäre, wenn wir nicht angerufen hätten. So wussten wir, dass um diese Uhrzeit normalerweise keine Sprechstunde stattfand. Lilly musste zur Toilette. Als Diana mit ihr zurückkam, flüsterte sie mir zu, dass der ganze Raum schwarz vor Schimmel gewesen sei.

»Sollen wir woandershin?«, fragte ich sie, aber da wurden wir schon aufgerufen.

Der Arzt war sehr jung, höchstens Anfang dreißig, und sehr freundlich. Er sprach besser Englisch als wir und untersuchte Lukas gründlich. Dann fragte er, was er gegessen hatte und welche Pflegeprodukte er benutzte. Er beschäftigte sich eine Weile mit seinem Computer, las etwas nach, nickte immer wieder und teilte uns dann seine Diagnose mit: eine allergische Reaktion. Worauf, das müsse getestet werden.

»Wir sind auf der Durchreise.«

»Bleiben Sie noch eine Weile am Meer, lassen Sie Ihren Sohn

so oft wie möglich baden, das wird ihm guttun. Wenn die Schwellung in drei Tagen nicht verschwunden ist, kommen Sie bitte noch einmal zu mir oder suchen einen Kollegen auf, idealerweise einen Dermatologen.«

Erleichtert fragten wir, was wir schuldig wären.

»Dass Lukas gesund wird«, lächelte der Arzt und schenkte uns die Konsultation.

Leider konnte Lukas den Wunsch nicht erfüllen. Nach drei Tagen hatte die Schwellung deutlich zugenommen, und noch immer wanderte sie in seinem Gesicht herum. Mal einseitig, dann überall, dann nur auf der Stirn. Es war geradezu gespenstisch. Am vierten Morgen sagte Lukas, nun schon ziemlich verzweifelt: »Ich seh gar nichts mehr.«

Seine Augen waren nur noch Schlitze.

Wir hatten mittlerweile weitergegoogelt und einen schrecklichen Verdacht. Konnte es sein, dass Lukas auf Hundehaare allergisch geworden war? Es wäre entsetzlich, wenn wir Dschinn und Neo weggeben müssten, nein, das war geradezu undenkbar.

»Ich kann mir das einfach nicht vorstellen«, sagte ich zu Diana. »Die Kinder leben doch von Anfang an mit Hunden.«

Diana kannte zwei Familien, in denen Allergien erst später ausgebrochen waren. Gewissheit würde nur ein Allergietest verschaffen. Aber den würden wir erst in Deutschland machen. Wenn ich sah, wie innig Lukas mit Dschinn und Neo spielte, wie aufmerksam er sich um sie kümmerte, dann konnte ich mir nicht vorstellen, dass ihm das schadete.

Diana telefonierte lange mit einem homöopathisch behandelnden Arzt unseres Vertrauens, der ebenfalls in einer Praxis im Keller arbeitete, doch sie war ein helles, freundliches Souterrain. Wir bestellten die von ihm empfohlenen Globuli in einer Apotheke in Bordeaux und suchten uns ein schönes Plätzchen zum Überbrücken.

Lukas' Schwellung hatte nun den gesamten Kopf erfasst. Es

kam uns so vor, als wäre er bald doppelt so groß. Unser lieber Junge litt sichtlich, wenngleich ihm die Schwellung zu unserer Verwunderung und Erleichterung keine Schmerzen bereitete. Wir konnten nicht mehr auf Globuli warten. Ich musste Diana nicht ansehen, um zu wissen, welcher Film in ihr ablief, ich sah denselben.

Die Hiobsbotschaft

Es kann nichts Schlimmes sein, sagte ich zu mir selbst. Es ist sicher nur eine Kleinigkeit, eine allergische Reaktion. Lukas wird die Globuli nehmen, und alles wird gut. Doch ich konnte mich nicht entspannen. Der Schmerz um Zara, unsere Tochter, brach wieder einmal auf. Sieben Jahre lag ihr Tod nun zurück. Sobald ich in die Trauer eintauchte, fühlte es sich an, als hätten wir unser Kind gestern verloren. Und eine leise Stimme flüsterte: Es ist nicht unmöglich, dass so etwas ein zweites Mal geschieht.

Entspann dich, Diana, beschwor ich mich selbst.

Ja, wieg dich nur in Sicherheit, flüsterte die Stimme: Du weißt doch, es gibt keine.

Die Kinderarztpraxis in Bordeaux war sauber und riesig, von einem langen Flur gingen ein gutes Dutzend Türen ab. Eine Ärztin untersuchte Lukas gründlich, bat uns, kurz zu warten, kam zurück und drückte ihm einen Plastikbehälter in die Hand.

»Du sollst da mal Pipi reinmachen«, erklärte ich ihm.

»Warum?«, fragte er mich. »Ich hab doch was im Gesicht.«

»Bitte mach das jetzt«, sagte ich so ruhig wie möglich, während in mir alle Alarmglocken schrillten. Urinprobe – das war etwas Ernstes. Zucker, schoss es mir durch den Kopf, aber woher sollte der kommen? Hatte ich nicht neulich etwas gelesen von Diabetes im Kindesalter? Wäre das überhaupt möglich bei unserer gesunden Ernährung?

Die Ärztin beherrschte nur wenig Englisch, doch sie bemühte sich sehr, langsam und deutlich Französisch zu sprechen. Wir erfuhren, dass sich in Lukas' Urin Eiweiß befand, das dort nicht hingehörte. Die Ärztin empfahl weitere Untersuchungen, um etwas auszuschließen.

»Was?«, fragte ich, und später verfluchte ich diesen Moment. Warum hatte ich gefragt, gib dem Affen Zucker.

»Frag sie, ob ihr Verdacht einen Namen hat«, unterbrach Percy. Und da kehrte das Gespenst zurück.

»Ihr Sohn könnte an einer Autoimmunerkrankung leiden, das nephrotische Syndrom«, antwortete die Ärztin. »Am besten, Sie lassen das in einer Klinik abklären, ich schreibe Ihnen eine Adresse auf.«

»Wir sind auf der Durchreise.«

»Dann fahren Sie so schnell wie möglich nach Deutschland und gehen dort zum Arzt.«

So schnell wie möglich ... so schnell wie möglich ...

»Ist unser Sohn in akuter Gefahr?«

»Nein, das glaube ich nicht. Aber ich würde den Eiweißbefund im Urin abklären lassen.«

»Und wenn sich Ihr Verdacht bestätigt?«, fragte ich.

»Dann wäre das eine sehr ernste Erkrankung. Sie ist aber behandelbar. Also, wenn man sie rechtzeitig erkennt. Doch die Behandlung ist langwierig und anstrengend für die Patienten.«

»Und Sie sind sicher, dass es keine Allergie ist?«

»Nein. Es kann lediglich eine Allergie sein oder eine Allergie und etwas anderes oder nur etwas anderes. Wie dem auch sei, das Eiweiß im Urin muss eine Ursache haben, und die muss abgeklärt werden. Sie sollten unbedingt täglich zweimal den Urin Ihres Sohnes überprüfen. Am besten, Sie holen sich aus der Apotheke entsprechende Teststreifen.«

Die mussten wir nicht bestellen, sie waren vorrätig, als wir die Globuli abholten. Ich war so nervös, dass meine Hände zitterten, während ich Lukas drei Kügelchen gab. »Unter die Zunge und schmelzen lassen.«

»Mama, bedeutet Auto immun, dass ich Autofahren nicht vertrage?«

Perplex schaute ich ihn an. Ich wusste nicht, was ich sagen sollte, und das passiert nicht oft.

Percy sprang mir bei. »Das wäre ja was ganz Neues, du verträgst das Autofahren prima.«

»Brima«, verbesserte Lilly, doch niemand lachte.

Percy fuhr fort. »Ich habe eine Idee, was wir jetzt machen. Wir fahren zur dicken Düne, die ist gar nicht weit von hier. Wisst ihr noch, wie toll ihr durch den Sand gerutscht seid? Und was für einen schönen Stellplatz wir da hatten? Und wie lustig es dort war? Da fahren wir jetzt also hin, und bestimmt macht die Mama uns heute die leckersten Spaghetti mit Tomatensoße, die wir überhaupt in unserem ganzen Leben gegessen haben. Und während ihr auf der Düne rutscht, schauen wir mal im Internet nach, was das alles bedeutet, was die Ärztin gesagt hat.«

»Ui ja, zur Düne!« Bei so einer guten Aussicht waren die drei ein Herz und eine Seele.

Wir bemühten uns, die Kinder nichts von unserer Anspannung merken zu lassen, und vielleicht gelang es, weil ihre Vorfreude so laut war. Ach, wie glücklich waren wir alle an der dicken Düne gewesen. Da war der Himmel noch so wolkenlos blau gewesen. Jetzt hing eine schwarze, schwere Wolke über uns.

Die Kinder spielten, rannten die Düne rauf und runter, auch Lukas.

Darf er das?, fragten wir uns.

Wir ließen ihn und googelten beide um die Wette. Alles, was wir fanden zu den Stichworten Autoimmunerkrankung und neprothisches Syndrom, war entsetzlich. Wir lasen von Nierentransplantationen, Dialyse, monatelangen Klinikaufenthalten und ja, auch von Todesfällen.

Wir hörten nicht die Vögel, hörten keine Luft, hörten gar nichts, nur unsere Finger, die tippten, unseren flachen Atem, die Angst.

»Stopp!«, rief Percy da.

Als ich ihn anschaute, merkte ich, dass mir Tränen übers Gesicht liefen, und mein Herz schlug im Hals. Ich wollte das alles nicht. Ich wollte ruhig sein und gelassen und mich nicht von dem Drama im Kopf aus der Bahn schleudern lassen. Doch es gelang mir nicht.

»Lass uns vertrauen, Diana«, sagte Percy. »Wir haben nur einen Verdacht. Eine einzige, sehr vage Arztmeinung, noch dazu in einer Fremdsprache geäußert. Das sagt noch gar nichts. Vielleicht haben wir etwas falsch verstanden. Denk mal dran, wie die Ärztin in Schwabing deiner Freundin vor Jahren erzählt hat, sie hätte Morbus irgendwas, und dann war es nur ein geschwollener Lymphknoten, kein Krebs. Denk an deine Schwangerschaft, als es hieß, du hättest eine Vergiftung, und nichts war es. Lass uns ins Vertrauen gehen. Das Universum sorgt für uns.«

»Ja«, sagte ich.

Verschnaufpause

Erst mal tief durchatmen. Ruhig atmen und bis zehn zählen. Diese guten Ratschläge kennen wir auch in unseren Breiten. Nicht alles, was spirituell klingt, stammt aus Indien. Wie auch, Menschen sind wir doch alle, egal, wo wir auf die Welt kommen, wir alle beginnen unser Leben mit dem Atmen – und vergessen dann irgendwann die Wirkung des Atmens, gerade in Stresssituationen. Dabei ist es hier am allerwichtigsten, denn es schafft Erleichterung.

Im bewussten Atmen kehren wir zu uns zurück. Das bewahrt uns vor Fehlern oder Entscheidungen, die wir später vielleicht bereuen. Das bewusste Atmen erinnert uns an die Wahrheit und daran, dass die Dinge morgen schon ganz anders aussehen können als heute, ja, dass wir selbst sie auch morgen anders bewerten können. Und vor allem erinnert es uns daran, dass es nichts zu bewerten gibt. Dinge kommen, Dinge gehen, der Atem bleibt. Konstant und tief. Mit allem und allen verbunden. Ruhe. Zuversicht, Heilung, Kraft, Liebe.

»Ich hatte eine Eingebung«, sagte ich zu Diana. »Ich habe eine Yoga-Session vor mir gesehen. Die mache ich jetzt mit Lukas.«

Als hätten wir sie gerufen, kamen die Kinder vom Spielen. Bildete ich mir das ein, oder war Lukas' Gesicht etwas schmaler geworden? Ich betrachtete ihn voller Liebe, wie er da in seinem typischen Lukas-Gang auf uns zu schlenderte. Mein erstgeborener Sohn. Womit hatte er im Augenblick zu kämpfen? Egal, was es war, er brauchte Prana, Lebensenergie, viel, viel Prana. Im Yoga lenken wir die Lebensenergie in die Regionen, wo sie nötig sind. Sie aktiviert Meridiane und Chakren und versetzt sie in heilsame Schwingung.

Lukas sagte sofort Ja, als ich ihn bat, einige Asanas mit mir auszuführen. Ich leitete ihn an und machte selbst mit, ganz konzentriert auf den Atem, die Kraft, die uns das Leben schenkt, das rhythmische Heben und Senken der Brust, des Bauches meines Sohnes in der vollen, tiefen Yogi-Atmung.

Nimm eine aufrechte Sitzposition deiner Wahl ein.
Schließe deine Augen.
Leg eine Hand in der Höhe des Bauchnabels auf deinen Bauch.
Leg die andere Hand in der Höhe des Herzens auf deine Brust.

Beobachte nun, ohne deine Atmung zu beeinflussen, wie dein Atem fließt. Und wo.
Frage dich dann: Wer atmet?
Bist du es, und wenn du es bist, wer bist du dann?
Oder atmet vielleicht … ja, wer?

Beginne durch die Nase ausschließlich in den Bauchraum zu atmen. Der Bauch wölbt sich nach vorne. Du nimmst eine Dehnung wahr. Atme wieder aus und wieder ein, nur in den Bauchraum zu deiner unteren Hand.

Nach einigen Atemzügen atmest du tief in den Brustkorb. Weit dehnt sich deine Brust, die Wirbelsäule richtet sich auf. Die Hand auf deinem Bauch bewegt sich kaum. Doch die Hand auf deiner Brust schiebt sich nach vorne oben, so wie dein Brustkorb bei dieser tiefen Atmung.

Nun atmest du in die Lungenspitzen an den Schlüsselbeinen: kleine, flache Atemzüge. Brustkorb und Bauch bewegen sich nicht und somit auch nicht deine Hände, die noch immer dort ruhen.

Und dann verbindest du diese drei Atemräume miteinander zur vollständigen Yogi-Atmung.
Atme tief in den Bauch, bis der Bauch sich weit gedehnt nach vorne wölbt, danach lässt du die Luft tief in den Brustkorb strömen, der sich dehnt und deine Wirbelsäule aufrichtet, weiter fließt der Atem in die Lungenspitzen. Deine Schultern bleiben entspannt. Und dann atmest du doppelt so lange aus wie ein.

Als Nächstes war mir die Schnellatmung erschienen, Kapalabhati Pranayama.
Durch den schnellen, pulsierenden Atemrhythmus dieser aktivierenden Reinigungsübung wird ein klarer, wacher Geis-

teszustand erreicht; der gesamte Körper wird vitalisiert, Klarheit und Ruhe halten Einzug. Die Lungen werden mit frischem Sauerstoff erfüllt, das Blut entsäuert und entgiftet und die Neben- und Stirnhöhlen gereinigt.

Schon oft hatte ich mit Lukas Yoga praktiziert; er kannte die Technik, die Anfängern nicht leichtfällt. Im Yoga sind alle meine Kinder geübt. Ich liebte es, wenn wir gemeinsam praktizierten, und freute mich an ihrer Gelenkigkeit. Und sie freuten sich erst recht, weil sie natürlich viel biegsamer waren als ihr Vater.

Im Anschluss praktizierten wir neun Sonnengrüße, bei denen wir uns auf Lukas' Heilung fokussierten. Wir beendeten den aktiven Teil mit einer Wechselatmung und gingen über in eine Heilmeditation, die ich in die Entspannung führte.

Als Lukas danach die Augen aufschlug, sah sein Gesicht aus wie immer. Die Schwellung war verschwunden.

Ich konnte es zuerst nicht glauben. Tränen liefen mir über das Gesicht. Lukas verstand nicht, was vor sich ging, dann fasste er sich ins Gesicht und merkte es auch. Schließlich lagen wir uns in den Armen, und Diana, Simon, Lilly liefen zu uns und auch die Hunde, und wir saßen im Kreis und atmeten weiter, wie ein einziges Atmen. Prana durchströmte uns. Es war dieselbe tiefe Kraft, die es Diana und mir ermöglicht hatte, unsere Tochter Zara voller Liebe loszulassen.

Lukas leuchtete förmlich, genauso wie es die Übersetzung von Kapalabhati besagt: den Kopf zum Leuchten bringen.

»Papa, ich fühle mich auf einmal viel besser«, sagte er.

»Das sehe ich, Lukas. Und ich glaube, dass wir diese Übungen nun jeden Tag machen sollten, du und ich.«

»Ja, Papa, das glaub ich auch.«

Und genauso machten wir es in den nächsten sieben Tagen, in denen wir gemütlich nach Schönsee fuhren. Lukas' Gesicht schwoll nie wieder an. Diana googelte trotzdem Ärzte in und um Schönsee, und es beruhigte sie, dass München mit seinen unzähligen Kliniken und Ärzten nur knapp 200 Kilometer entfernt war. Aber erst als Lukas' Urin zwei Wochen lang ohne Eiweißbefund blieb, entspannte sie sich und glaubte wie ich, dass unser Sohn einfach nur eine Allergie gehabt hatte, zum Glück nicht gegen Hunde. Auch die Blutprobe in München bei meinem ehemaligen Hausarzt erbrachte keine Auffälligkeiten, und so schunkelten wir erleichtert die letzten 200 Kilometer in unser nächstes Abenteuer.

Folge dem weißen Hirsch

Seit meiner Jugend verfolgt mich ein Traum. Eine Zeitlang, ich war fünfzehn, vielleicht auch schon sechzehn wie Percys Tochter Marie, träumte ich ihn fast jede Nacht. Mit meiner Familie spazierte ich durch ein Waldstück. Auf einmal stand ein weißer Hirsch mit roten Augen auf einer Lichtung. Er schaute mich an, und es war klar, dass ich mit ihm gehen sollte, doch ich blieb lieber bei meiner Familie. Der Traum kehrte so oft wieder, dass ich an manchen Abenden schon beim Einschlafen genervt war, weil ich wusste, dass der weiße Hirsch wieder auftauchen würde. Konnte ich vielleicht mal was anderes träumen?

Ja, es klappte, und zwar viele Jahre lang. Bis Tamera.

In den Nächten dort suchte mich der weiße Hirsch abermals heim. Und ohne es zu wissen, folgte ich ihm. Denn als wir in Schönsee ankamen, begrüßte mich vor dem Glaspavillon im Innenhof ein weißer Hirsch mit roten Augen. Zuerst glaubte ich an eine Halluzination. Percy starrte genauso verblüfft wie ich auf das ausgestopfte Tier. War der echt? Wieso stand der da? Wir kapierten gar nichts, bis uns einfiel, dass Schönsee das ehemalige Jagdhotel der bayerischen Politelite gewesen war – mit dem größten Jagdmuseum Europas. Der weiße Hirsch war ein Überbleibsel aus dieser Zeit … und er hatte auf mich gewartet. Drei Tage später war er fort, wie all die anderen ausgestopften Tiere aus dem Museum, das die Gemeinschaft der Nature Community, wie sich die Menschen hier nannten, befreite.

Der weiße Hirsch war nur der Auftakt gewesen, das wurde uns schnell klar, als wir eine Führung über das Gelände bekamen. Immer wieder schüttelten wir den Kopf, lachten, schauten uns begeistert oder fassungslos an. So einen Ort hatten wir noch nie gesehen. Schönsee ist einzigartig! Der morbide Charme eines in die Jahre gekommenen Grandhotels erinnerte uns an unsere Kindheit. Ich staunte, wie viel Percy über die Jagd wusste, darüber hatten wir nie gesprochen, sein Vater war Jäger. An allen Ecken und Enden blinkten Überbleibsel aus den 1970er-Jahren. Die waren jedoch aus ihrem Jahrhundert gerissen und standen neben Dingen, die es früher noch nicht gegeben hatte, wodurch uns die Zeitspanne, die wir bereits auf der Erde weilten, bewusst wurde. Das Fitnessstudio, damals sicher hochmodern, wirkte wie ein Folterkeller. Für 20 Pfennige konnte man eine Schüttelmassage bekommen. Und es gab ein Schwimmbad, einen phänomenalen Sauna-Wellness-Bereich mit Whirlpool und allen Schikanen, bestens erhalten, Massageräume, Entspannungsliegen … und Ideen, Ideen, Ideen. »Hier wollen wir vielleicht einen Ölcatch-Raum einrichten.«

Zwei Kegelbahnen, mehrere riesige Veranstaltungsräume, Küchen, Werkstätten, eine Bibliothek, wir verloren schnell den Überblick und löcherten Chris, der uns alles zeigte, mit Fragen. Brennend interessierte uns natürlich, ob es hier auch einen Baustopp gab – wo wohnten die Mitglieder der Gemeinschaft?

»Zum Teil im Hotel, es gibt aber auch Bungalows.«

»Habt ihr noch was frei?«, fragte Percy.

Chris nickte.

Als wir die Aussicht von den Bungalows über das Tal sahen, konnte ich mir vorstellen, hier einzuziehen. Um uns befand sich keine Kulturlandschaft, es war Natur pur.

Percys Ja brauchte etwas mehr Zeit – bis er in einem der

Räume, die schon renoviert waren, einen alten Bekannten traf. In unserem Yogastudio Namasté in Herrsching hatten wir eine große goldene Holzplatte mit Symbolen aufgehängt. Einer unserer Schüler wollte sie unbedingt mitnehmen – wie sie letztlich in Schönsee landete, blieb ein Mysterium, und Percy war genauso verwirrt wie ich beim Anblick des weißen Hirschs. Jetzt hatten wir beide eine eindeutige Einladung erhalten, auch wenn sich das Mysterium dank Karin später auflöste.

Vor allem begeisterte uns, dass wir hier so viele Möglichkeiten hätten. Chris nickte immer wieder, wenn wir ihn fragten, ob es möglich wäre, dies und jenes zu verwirklichen. Ein Yogastudio?

»Ja, Platz ist genug da. Ihr müsst euch halt drum kümmern.«

O ja, das wollten wir, und noch viel mehr. Warum nicht gleich ein Yoga-Festival, viele Festivals hier veranstalten? Die Räume und das große Gelände waren ideal. Der Eintritt in die Nature Community war erschwinglich. Mit ein paar Tausend Euro konnte man Teil der Genossenschaft werden. Wir wären auch nur zwei Autostunden von den Omas und Opas entfernt. Und außerdem wurde hier Deutsch gesprochen. Die Kinder könnten tiefere Bindungen knüpfen, weil sie sich besser verständigen könnten. Trotz aller südländischen Vokabeln war Deutsch ja ihre Muttersprache. Wie immer fanden sie auch in Schönsee schnell Anschluss. Alle fühlten sich rundum wohl und angekommen. Aber das größte Glück war, dass unser Lukas wieder der Junge war, der er vorher war.

Zwei Tage nach uns kamen Dutzende von Menschen aus allen Ecken Deutschlands und auch aus dem Ausland zum Camp, junge, alte, Familien, Singles – die Stimmung war euphorisch. Tagsüber wurde gearbeitet, abends saßen wir an einem großen Lagerfeuer; es wurde musiziert, getanzt, gespielt, gesungen, und viele gute Gespräche wurden geführt. Percy und ich sprudelten geradezu über vor Ideen – und so ging es vielen anderen auch. Wir fanden Gleichgesinnte, mit denen wir ein bisschen gleicher gesinnt waren, schmiedeten Pläne, wie wir unser Leben in Schönsee organisieren könnten.

Doch es gab eine große Unbekannte in der Rechnung. Wir sind Sonnenkinder. Würden wir unseren Schwung in schlimmstenfalls sechs Monaten Schnee bewahren können? So wundervoll jetzt alles war, es war noch sommerlich! Die Wiesen grün, die Natur so prall und unberührt und herzberührend. Doch wenn einmal das weiße, starre, kalte Tuch über alldem läge und es regnete und regnete und regnete und man durch Matsch stapfte, anstatt durch hohes Gras?

»Vielleicht sind wir so beschäftigt, dass wir das dann gar nicht merken«, sagte Percy.

Tatsächlich gab es sehr viel zu tun. Ich konnte vieles aus meinem Seminar in Tamera nutzen. Außerdem lockte mich der Aufbau einer freien Schule. Es gab bereits eine Schulgruppe, die viel Vorarbeit geleistet hatte. Sie nahmen mich mit offenen Armen auf. Hin und wieder war ich in der Küche tätig, jedoch nicht so intensiv, wie ich es am Anfang gedacht hatte, als mir die bestens ausgestattete Gastronomie wie ein Paradies erschienen war. Hier könnte ich Gas geben und mein Mixer seine zwei PS entfalten!

Das Schulprojekt verschlang viel Zeit, aber unsere Kinder wurden ja nun mit den anderen unterrichtet. Nachmittags spielten sie auch mit Kindern, die zum Teil in eine Montessorischule in der Nähe gingen, und waren ziemlich happy.

»Mama, gell, wir bleiben jetzt hier?«

»Ja, erst mal«, äußerte ich mich vorsichtig. Das konnte alles bedeuten von zwei Tagen zu zwei Wochen oder vier Wochen.

Dass wir zu fünft mit Dschinn und Neo ein 20-Quadratmeter-Zimmer teilten, störte sie nicht, es war mehr Platz als im Bus. Und vielleicht würden wir in einen eigenen Bungalow ziehen, wir mussten ihn nur noch herrichten. Ach, es gab so viel Arbeit, wo man ging und stand, fiel einem etwas auf.

Genau das wollten wir: Gemeinsam etwas schaffen, anstatt sich ins gemachte Nest zu setzen. Unsere Visionen fanden hier einen fruchtbaren Boden. Wir waren umgeben von anderen Visionären. Der Spirit war berauschend. Mehrmals wöchentlich trafen wir uns und tauschten uns aus, machten Pläne. Projekte entstanden – Lieben und Leben frei von Angst, Selbstversorgung durch Permakultur, eigene Energie- und Wasserversorgung, internes geldfreies System, Friedensarbeit, tiefe authentische Partnerschaften und Beziehungen, Vertrauen durch Transparenz und Ehrlichkeit, gegenseitige Unterstützung und Solidarität.

Bunt gemischt wie unsere Visionen waren auch die Berufe der Genossenschaftler. Manche waren Handwerker oder in leitenden Positionen tätig, andere arbeitslos, Rentner, Auszubildende, vom ehemaligen Polizisten über den Informatiker bis hin zum Grafiker und zur Physio- und Ergotherapeutin. Einige mussten sparen, andere waren wohlhabend – wir boten einen repräsentativen Querschnitt durch die Bevölkerung mit unseren Biografien. Nach und nach besuchten uns Freunde aus München und brachten ihre *Ja, abers* mit.

»Ihr macht also alles selbst hier?«

»Wir versuchen es.«

»Und wer teilt die Arbeit ein?«

»Jeder macht, was er mag und was nötig ist.«

»Aber das funktioniert doch nicht, da pickt sich doch jeder die Rosinen raus.«

»Wenn man ein gemeinsames Ziel hat, funktioniert es.«

»Und wer macht die Drecksarbeit? Also angenommen, ihr müsst eine Sickergrube ausräumen, falls ihr so was habt. Das macht doch keiner freiwillig.«

»Doch.«

»Das glaub ich nicht.«

»Angenommen, die Sickergrube wäre am Überlaufen. Dann stinkt das. Der Gestank zieht über das Gelände. Es wird Leute geben, die das mehr stört, andere stört es weniger. Diejenigen, die es am meisten stört, werden sich also eine Schaufel schnappen und schippen. Und weil wir hier als Gemeinschaft leben, bleiben sie nicht allein. Sie bekommen Hilfe. Alle anderen, die nicht schippen, weil sie dabei kotzen würden, sind wahnsinnig dankbar für die Erleichterung und unterstützen die Schipper mit gutem Essen, guten Worten. Sie erhalten überall Anerkennung, Lob. Ihre Bedeutung ist hoch, sie sind wichtig. Und genau diese Wertschätzung haben wir als Gesellschaft verloren. Es gibt gute Jobs und schlechte. Das Ziel ist immer: Geld verdienen, so viel wie möglich, was aber oft beschönigt wird. Es fehlt das gemeinsame Ziel, der Gemeinschaftssinn – der, davon sind wir überzeugt, glücklich macht. Bei den guten Jobs macht man sich nicht dreckig, verdient wahnsinnig viel Geld und kann seinen Egotrip genießen. Bei den schlechten Jobs macht man die Drecksarbeit und ist ganz weit unten angesiedelt. Aber lass mal die Müllabfuhr drei Wochen streiken. Was glaubst du, wie hoch die Müllwerker dann in der Anerkennung steigen?«

»Ich verstehe schon, was du sagen willst. Das sieht man ja bei Altenpflegern und Krankenschwestern. Aber überzeugt bin ich noch nicht.«

»Ich will dich auch nicht überzeugen.«

»Ich kann mir einfach nicht vorstellen, dass man gern blöde Jobs macht.«

»Nicht alle finden dieselben Jobs blöd. Es gibt bei uns Leute, die stehen gern in der Spülküche. Die fühlen sich nicht schlecht, wenn sie Minireste von Tellern duschen. Die denken vielleicht, schön, dass alle aufgegessen haben, und super, dass ich nicht kochen muss, das kann ich nämlich nicht ausstehen. Und über allem schwebt ja der Geist der Gemeinschaft. Menschen sind soziale Wesen, und es erfüllt sie, Dienst an einer Gemeinschaft zu leisten, ein Wir zu bilden. Ich glaube, dass dieses Wir-Gefühl verloren gegangen ist.«

»Also bei mir in der Nachbarschaft …«

»Nicht überall. Aber viele Menschen nehmen es so wahr, dass der öffentliche Raum kälter geworden ist. Dass wir uns nicht mehr gegenseitig sehen und wertschätzen. Der respektvolle Umgang fehlt.«

»Äh, ja, das stimmt. Darüber stand neulich auch was in der ZEIT.«

»Wir haben hier zum Beispiel Leute, die für die Klos zuständig sind. Wir haben sie gefragt, ob sie mal tauschen wollen, nein, wollen sie nicht.«

»Klo putzen? Ich weiß nicht.«

»Das ist auch eine Frage, wie die Klos aussehen. Wenn ich weiß, dass jemand anders putzt, möchte ich sie sauber hinterlassen.«

»Das steht auch auf den Klos im Intercity. Verlassen Sie den Raum, wie Sie ihn vorgefunden haben.«

»Die Frage ist, wie du ihn vorgefunden hast.«

»Ja, aber da müssen doch alle an einem Strang ziehen?«

»Dazu erinnern wir uns immer wieder an unsere Werte, unser Ziel: eine friedliche Gemeinschaft zu bilden, gemeinsam zu leben und zu wirken. Allerdings haben wir natürlich auch Momente, in denen wir davon weit entfernt sind.«

»Also, das klingt irgendwie nach Sekte.«

Das fanden unsere Familien auch, als wir sie besuchten und zwei Kinder kahl geschorene Schädel hatten. Doch die Läuse stammten nicht aus Schönsee, Besuch aus Hamburg-Blankenese hatte sie eingeschleppt, besser gesagt, die Kinder aus ihrem Kindergarten. Doch das wollte keiner glauben. Das Vorurteil war zu mächtig. Schade. Denn das, was wir machten, war doch nicht gefährlich! Wir waren Pioniere. Aber unsere »Experimente«, die ja letztlich allen Menschen dienen sollten, weil sie ein zufriedeneres und freies Leben ermöglichen, wurden häufig eher als Angriff auf die bestehende Ordnung gewertet.

Noch mal schade. Denn so toll ist die bestehende Ordnung nicht für alle, zumindest wenn man tiefer blickt.

Es gab auch Freunde und Bekannte, die Schönsee sehr attraktiv fanden und damit liebäugelten, uns zu folgen. Doch auch sie verfingen sich manchmal in Klischees.

»Ich liebe meinen Job. Ich kann mir nicht vorstellen, ihn aufzugeben und hier den ganzen Tag Gemüse anzupflanzen.«

»Du kannst auch handwerklich tätig sein oder geistig arbeiten oder dein eigenes Projekt gründen.«

»Und wovon lebe ich?«

»Von deinem Job! Wir haben hier eine Reihe von Leuten, die fest angestellt sind und täglich zur Arbeit fahren. Und selbstverständlich Freiberufler, zum Glück einen Architekten und, ja, auch einen Vorstandsvorsitzenden. Aber was sie draußen sind, ist hier nicht wichtig. Andere können sich mehr einbringen, mehr für die Gemeinschaft arbeiten, sie bezahlen dann auch weniger Geld. Aber alle sind wir Individualisten, und es bleibt jedem Einzelnen überlassen, wie viel Kontakt er haben möchte. Manche leben sehr zurückgezogen, genießen es aber, dabei nicht isoliert zu sein.«

»Das wär mir zu weit, von hier nach München zur Arbeit jeden Tag.«

So endeten viele Gespräche, dabei hatten wir das doch gar nicht »verlangt«. Der Reiz der Community musste schon sehr groß sein, wenn jeder das für sich erwog.

Im Prinzip geht es darum, was passiert, wenn die Ampel ausfällt und plötzlich jeder selbst entscheiden soll, darf, muss, wann er fahren kann, darf, soll, muss. Das erfordert Feintuning. Ich muss auf mich selbst und die anderen achten. Ich bin Teil eines beweglichen Gefüges. Manche Menschen fühlen sich wohl in der Eigenverantwortung, für andere ist sie der Horror. Sie fahren lieber auf Schienen durchs Leben. Nichts ist besser oder schlechter. Das liebe ich an Schönsee. Hier wird versucht, nicht zu werten, hier darf in der Theorie alles sein, idealerweise von jedem etwas – und das umzusetzen ist eine gigantische Herausforderung! Aber es ist trotzdem keine WG. In der würden irgendwann die Türen geschlossen, jeder bliebe für sich in seinem Zimmer, benutzt die Küche, wenn die anderen fort sind, man kennt das. An dem Punkt, wo ich früher in WGs die Tür geschlossen habe, wird in der Community geforscht, warum Menschen wie reagieren. Im Forum, Plenum und in Gesprächskreisen werden Türen und Herzen geöffnet. Dazu muss allerdings die Komfortzone verlassen werden, und das ist manchmal nicht einfach.

In der Vision funktioniert eine Gemeinschaft ohne Hierarchie, doch ich glaube nicht, dass das möglich ist. Es muss immer jemanden geben, und es gibt auch immer jemanden, der oder die Führungsqualitäten hat. Daraus folgt die spannende Frage, ob ich diesem Menschen vertraue. Wenn ich ihm mein Ja geben kann, ist alles gut. Wenn ich zweifle, spreche ich das an.

Für Percy und mich war Schönsee auch als Arbeitsplatz ideal. Hier hatten wir alles unter einem Dach. Unsere Familie, die Gemeinschaft, die Kinder lernten mit anderen Kindern, unsere Tätigkeit als Veranstalter. Dabei blieb unser ökologischer Fußabdruck klein. Hin und wieder sattelten wir den Bus und fuhren zu einem Event, für den Percy gebucht war. Und dann kehrten wir wieder … heim?

»Was hast du da gerade gesagt?«, fragte Percy.

Da fiel es mir auch auf. »Lass uns heimfahren«, hatte ich gesagt.

»Ist es das?«, fragte er mich.

Bei aller Zuversicht war ich noch nicht ganz sicher. Ich wollte mich erst entscheiden, wenn wir einen Winter erlebt hatten. Und der ließ nicht mehr lange auf sich warten.

Endstation Ibiza?

Zuerst kam der Regen, tagelang, grau und matschig, und eines Morgens bedeckte eine dicke weiße Schneedecke die Landschaft. Die Kinder waren begeistert, konnten gar nicht genug bekommen von Schneeballschlachten, Schneemännern, Schlittenfahren. Ich holte mein Snowboard aus München und bretterte die Hänge hinab, wenn ich Zeit hatte, also selten. Eines Tages fiel mir auf, dass ich die Schattenseiten des Winters gar nicht so richtig mitbekam. Es gab so viel zu tun, und die 10.000 Quadratmeter Wohnraum waren überdacht, ich war immer im Warmen, Trockenen. Unsere Familien waren überglücklich, dass wir Weihnachten gemeinsam feierten. Silvester hätten wir am liebsten einen Event in Schönsee veranstaltet, doch die Gemeinschaft hatte zu unserem großen Bedauern entschieden, keinen Eventbetrieb zu wollen. Zwar wurden nach wie vor Zimmer an Hotelgäste vermietet, und es wurden einige Veranstaltungen durchgeführt, aber ein Yoga-Festival? Ein Silvester-Gathering? Dafür gab es leider keinen Konsens. Die Befürworter konnten die wenigen Ablehner nicht überzeugen. Das bedeutete für uns, dass wir einen anderen Ort suchen würden.

Dass es tagelang schneite und der Januarhimmel sich mit einem grauen Tuch verhüllte, beschleunigte unseren Aufbruch. Diesmal nicht ins unbekannte Ausland, nein, wir wussten genau, wohin wir wollten. Es war ganz einfach: Wo schien jetzt die Sonne?

Auf Ibiza.

Wo hatte es uns am besten gefallen?

Auf Ibiza.

Wo kannten wir die meisten Leute?

Auf Ibiza.

»Fahren wir zu den Piraten am Strand?«, fragte Simon hoffnungsvoll.

»Auch«, sagte ich. »Aber in erster Linie suchen wir ein Grundstück, wo wir all das verwirklichen können, was in Schönsee nicht möglich ist. Einen Ort, wo wir selbst entscheiden können und …«

»Wo die Sonne scheint!«, rief Diana.

Kilometer für Kilometer wurde es wärmer. Der Bus blubberte wie ein Boot, die Kinder kramten ihre Seemannslieder hervor, Dschinn sprang in die Betten, Lilly turnte beim Fahren herum, alles wie immer und herrlich. In Montpellier packten wir die T-Shirts aus und genossen die Sonne auf der nackten Haut. Am Strand liefen wir bis zu den Oberschenkeln ins Meer. Frühling lag in der Luft.

»Das hat mir gefehlt«, seufzte Diana und streckte ihr Gesicht dem aralblauen Himmel entgegen.

Ich tat es ihr gleich. »Ich glaube, wir brauchen beides. Das Bleiben und das Reisen.«

Die Piraten begrüßten uns herzlich, Diana lachte und sagte: »Ich fühle mich schon wieder, als würde ich heimkommen.«

Und kommt es nicht genau darauf an? Überall daheim zu sein, bei sich selbst.

Es war die Zeit der Mandelblüte. Die ganze Insel ein weiß-rosafarbener Blütenteppich, betörend duftend. Es ist immer wieder zum Weinen schön. Die Strände sind noch leer im Februar/März. Wir spielten Fußball am Strand, und die Hunde fetzten durch den Sand.

Wir pendelten von schöner Bucht zu noch schönerer Bucht und Paradiesbucht und fuhren weiter, kreuz und quer über die Insel, immer auf der Suche nach einem Grundstück. Manchmal hatten wir große Hoffnungen, die zerschlugen sich – und dann sah alles nach einem Wunder aus. Wir fanden das ideale Grundstück. Eine hochbetagte Frau, nie verriet sie uns ihr Alter, aber ich glaube, sie war über achtzig, wollte es verkaufen, günstig sogar, wenn wir ihr ein kleines Häuschen ans Ende des Grundstücks neben die Mandel- und Feigenbäume bauten, wo ihre Mutter sie zur Welt gebracht hatte, mehr oder weniger bei der Feldarbeit, denn dort wuchs in ihrer Kindheit Gemüse. Jetzt war es zu heiß, und sie war zu alt, den Garten zu bestellen. Wir beschäftigten uns mit Crowdfunding, funkten Bekannte und Freunde an, sie sollten kommen und sich das Grundstück ansehen.

Doch dann tauchte der Stiefsohn der Verkäuferin auf. Dreißig Jahre hatte sie ihn nicht gesehen. Er stellte Ansprüche, und alles wurde sehr kompliziert. Wir hatten gehofft, in die Festival-Saison zu starten mit einem unterschriebenen Kaufvertrag im Gepäck. Nun brachen wir ohne auf, und dabei blieb es auch. Wir klapperten die Festivals ab, auf denen Percy eingeladen war – Italien, Schweiz, Österreich, Ungarn, Frankreich –, und landeten immer wieder mal in Schönsee. Von hier aus organisierten wir auch die letzten Kleinigkeiten unseres Namasté-Yoga-Festival, das wie jedes Jahr am Ammersee stattfand … allerdings mit einem kleinen Wermutstropfen. In Schönsee wär es schöner gewesen!

Fünfte Etappe

Stillstand

Die Schaukel

Drei Wochen vor unserem Yoga-Festival am Ammersee weilten wir für einige Tage in Schönsee. Am späten Nachmittag eines strahlenden Frühlingstages spazierte ich mit den Kindern und Hunden zur großen Waldschaukel, die stets sehr vermisst wurde, wenn wir Schönsee verließen. Und nicht nur von den Kindern! Wobei ich selbst oft nur schaute, statt zu schaukeln. Das lang gezogene Tal hinter unserem Bungalow ist eine Augenweide, da können die Blicke regelrecht grasen, und das begeisterte Jauchzen der Kinder war Musik in meinen Ohren. Auf das Sitzbrett passten fünf Kinder, doch Lukas wollte auch mal alleine schaukeln.

»Guck mal, Papa!«, rief er. »Wie hoch ich schon bin!«

Simon und Lilly klatschten ihrem Bruder zu und feuerten ihn an. Die Sonne, deren Strahlen durch einen Baumwipfel stachen, blendete mich. Ich beschirmte meine Augen und sah ganz hoch oben Schemen von Lukas … Dann passierte irgendetwas, was ich im ersten Moment nicht zuordnen konnte, doch sofort hämmerte mein Herz. Simon und Lilly schrien entsetzt auf. Ich spurtete los. Lukas war am höchsten Punkt der Schaukel abgestürzt, auf den Rücken gefallen und lag auf dem Waldboden – Gott sei Dank weich, fuhr es mir durch den Kopf. Aus weit aufgerissenen Augen starrte er mich an. »Papa!«

Er war total erschrocken, wie ich, wie wir alle. Neben ihm kniend, legte ich meine Hand auf seine Wange, betrachtete prüfend seine Gliedmaßen, alle in normaler Stellung.

Lilly versuchte ihren Bruder zu trösten: »Das war wirklich so hoch wie noch nie!«

»Tut dir was weh? Kannst du dich bewegen? Wackle mal mit den Zehen!«, forderte ich Lukas auf.

Ja, er konnte seine Beine bewegen. Ein Felsen fiel mir von der Brust, wälzte sich aber erneut darauf, als Lukas mit gepresster Stimme sagte: »Ich krieg keine Luft.«

Aber er atmete.

»Gleich wird es besser«, sagte ich.

Vorsichtig setzte er sich auf. Nach einigen Minuten, der Atem fand seinen Takt wieder, stand er auf, fasste sich aber sofort an den unteren Rücken.

»Was ist da?«, fragte ich alarmiert. Lendenwirbelsäule?

»Komisch.«

»Tut es weh?«

»Vielleicht.«

»Schaffst du es bis zum Bungalow?«

»Klar, Papa!« Er lächelte schon wieder.

Für seine Geschwister war der Unfall abgeschlossen, sie wollten weiterschaukeln.

»Wir gehen jetzt alle zurück«, sagte ich.

Am Bungalow gab Diana Lukas Globuli gegen den Schock, und wir vereinbarten, dass die Kinder nie ohne Aufsicht schaukeln sollten. Obwohl Lukas behauptete, dass das doch nur eine Kleinigkeit gewesen wäre, war er blass. In der Nature Community fanden gerade Kennenlern-Tage statt, vor zwei Stunden erst hatte ich mich im Gästehaus mit einem Orthopäden unterhalten. Er untersuchte Lukas und stellte fest, dass nichts gebrochen war.

»Bist du auf den Kopf gefallen?«

»Nein, auf den Po.«

»Auf den Rücken«, sagte ich.

»Glück gehabt«, sagte der Arzt und wandte sich zu Lukas: »Wenn dir irgendetwas wehtut, wenn irgendwas komisch ist, wenn dir schwindlig wird oder du Kopfweh kriegst, egal, was es ist, wenn irgendetwas anders ist als sonst, dann sagst du das sofort deinen Eltern, okay?«

Lukas nickte.

»Und ihr fahrt dann bitte sofort in die Klinik und lasst ihn röntgen oder was auch immer die Ärzte dort vorschlagen.«

Wir nickten.

»Aber mir tut wirklich nichts weh, ich bin nur müde«, sagte Lukas.

Während Diana ihn ins Bett brachte und ihm noch eine Geschichte vorlas, was er sichtlich genoss, obwohl er doch sonst manchmal behauptete, dafür schon viel zu groß zu sein, erzählte ich dem Arzt von der Waldschaukel, und er steuerte einige Patientengeschichten bei. Diana berichtete ihm später von unseren dramatischen »Unfällen«, bei denen uns das Herz fast stehen geblieben war: heftig blutende Platzwunden, eingequetschte Finger, Füße in den Fahrradspeichen, ausgeschlagene Milchzähne … und vieles mehr, was ich zum Glück vergessen habe. Diese Erinnerungen neutralisierten den Schock an der Schaukel, und so waren wir am nächsten Morgen wie vor den Kopf geschlagen, als Lukas mit einer Schwellung im Gesicht aufwachte, die innerhalb von zwei Stunden zu wandern begann. Der Albtraum kehrte zurück. Auch auf seinem Rücken, auf der Höhe der Nieren, entdeckten wir eine Schwellung.

»Bist du auf diese Stelle gefallen?«, fragten wir ihn.

Er wusste es nicht. Aber mir fiel ein, wie er sich nach dem Sturz die Hände auf den Rücken gelegt hatte. Es war nicht der Rücken gewesen, es waren die Nieren! Das Gespenst des nephrotischen Syndroms kehrte wieder. Wir hatten es nie vergessen, nur so getan, als ob. Weil Lukas' Urin auf den Teststäbchen nie Eiweiß angezeigt hatte, kontrollierten wir auch nicht mehr. Und sein Blutbild war in Ordnung gewesen. Oder gab es Eiweißschübe, waren das alles Schübe, dieser hier ausgelöst durch den Sturz?

Diana hatte bereits im Krankenhaus angerufen, wir hatten einen Termin um 15 Uhr. Zur Mittagszeit ging es Lukas miserabel. Er übergab sich und bekam Schüttelfrost. Aber nicht so, wie wir Schüttelfrost bisher kannten, mit ein bisschen Bibbern, nein, es warf ihn hin und her. Schlagartig war er so schwach, dass er nicht mehr laufen konnte. Ich trug ihn zum Auto, hielt ihn fest in meinen Armen, während Diana, als ginge es um Leben und Tod – und genauso fühlte es sich für uns an –, ins Krankenhaus raste. Simon und Lilly saßen schockstarr auf ihren Plätzen. Während Diana den Wagen parkte – wir hatten zum großen Bus noch einen kleineren geliehen, damit wir beide mobil waren, wenn ich auf Festivals fuhr –, rannte ich mit Lukas im Arm zur Notaufnahme. Vor dem Gebäude stand ein Rollstuhl. Behutsam setzte ich ihn hinein, und es zerschnitt mir das Herz. Mein lieber Junge im Rollstuhl. Er bekam das gar nicht mit. Sein Kopf war zur Seite gesackt, er sah aus wie schlafend, hoffentlich, hoffentlich nur schlafend, nicht ohnmächtig!

Wir mussten nicht warten, allen war klar, dass sich dieses Kind in einem besorgniserregenden Zustand befand, zumal Lukas hörbar Probleme mit dem Atmen hatte. Als Erstes bekam er eine Sauerstoffmaske, auch das ein Schock für uns Eltern, wenngleich die Dankbarkeit überwog. Dann versuchte ein Arzt, einen Zugang zu legen, schaffte es aber nicht. »Da ist zu viel Wasser im Arm«, stellte er fest und bat einen Krankenpfleger, die Oberärztin zu holen.

Wasser im Arm? Diana und ich schauten uns verständnislos an. Lilly und Simon klammerten sich an uns.

Als es der Oberärztin nach einiger Stocherei gelang, einen Zugang zu legen, erklärte sie uns, dass Lukas sofort Blutverdünner benötigte, da sein Blut zählflüssig sei. Blutverdünner? So wie meine Oma?

»Woran liegt das?«

»Geben Sie uns eine Stunde für ein paar Untersuchungen«, bat sie uns und zeigte uns den Wartebereich.

Und da saßen wir dann wie eingefroren. Auch die Kinder machten keinen Mucks. Ich spürte, dass bei Diana das Gleiche ablief wie bei mir. Zara! Auch wenn wir ein so schönes Leben hatten … das Eis war dünn. Und dann passierte etwas mit einem Kind, und wir brachen blitzschnell ein. Aber wir kamen auch wieder heraus. Wir atmeten. Tief und konzentriert in der vollständigen Yogiatmung, und die Kinder machten mit. So merkten wir gar nicht, wie die Zeit verging. Meditierend schickten wir Lukas Kraft. Zwei liebe Menschen aus Schönsee holten Simon und Lilly ab. In diesem Moment wussten wir noch nicht, dass es lange dauern würde, bis sie ihren großen Bruder wiedersahen – wegen der Infektionsgefahr würden sie Besuchsverbot bekommen.

Endlich durften wir zu Lukas. Er lag in einem Krankenhaus-hemd in einem Bett in einem Einzelzimmer, weil wir oft im Ausland unterwegs waren und er sich mit irgendetwas ange-steckt haben könnte. Er atmete regelmäßig und selbstständig, ohne Gabe von Sauerstoff. Sein Blick war klar, aber er sagte, dass er sehr müde sei. Die Augen fielen ihm zu.

»Hast du Schmerzen?«

Kopfschütteln. Und dann war er eingeschlafen. Wie fried-lich er aussah! Wir wollten bei ihm bleiben, doch wir hatten einen Termin bei der Oberärztin, und die Mienen des Pflege-personals verrieten uns, dass wir mit ihr nicht über eine harm-lose Kinderkrankheit sprechen würden.

»Ihr Sohn hat im ganzen Körper Wassereinlagerungen«, er-fuhren wir in einem kleinen Zimmer mit einem großen Kruzi-fix an der Wand. »Das bedeutet, dass seine Nieren nicht richtig funktionieren. Im Moment besteht leider die Gefahr eines Nie-renversagens. Wir müssen weitere Untersuchungen durchfüh-ren, für die ihr Sohn hierbleiben muss.«

Damit hatten wir gerechnet.

»Er ist also … er hat was an den Nieren?«, stammelte Diana geschockt. Es zu befürchten oder zu hören ist zweierlei.

»Davon gehen wir aus. Aber wie gesagt, für eine klare Dia-gnose ist es zu früh. Im Moment arbeiten wir unter dem Vorzeichen des neprothischen Syndroms, das durch verschiedene Symptome gekennzeichnet ist, dessen Herkunft aber noch im Dunkeln liegt.«

Diana nickte. Das hatten wir alles schon einmal gegoogelt.

»Ist es …« Gefährlich, wollte ich fragen, aber natürlich war es gefährlich. Und eigentlich wollte ich etwas anderes wissen. Aber alles in mir sträubte sich dagegen, es auszusprechen. Diana nahm es mir ab. »Ist es lebensbedrohlich?«, fragte sie. Ihre Stimme klang, als wäre sie über Nacht in einem salzigen Tränenbad eingelegt worden.

Dass die Oberärztin auswich, war auch eine Antwort. »Es gibt sehr gute Behandlungsmöglichkeiten. Aber bevor wir mehr dazu sagen, möchten wir gern mit einem Spezialisten für Nierenkrankheiten bei Kindern sprechen. Wir haben noch keinen Facharzt erreicht, wir warten auf einen Rückruf aus München.«

»Und dann?«

»Sobald wir grünes Licht haben, werden wir eine hochdosierte Cortisonbehandlung einleiten. Die möchten wir aber wie gesagt mit den Nierenspezialisten besprechen. Cortison ist das Mittel der Wahl.«

Abschied vom Schwarz-Weiß-Denken

Cortison, hallte es in mir nach. Mein Feind. Sie wissen nicht, was Lukas fehlt, aber es wird Cortison gegeben, hochdosiert. Wie auf einer großen Wiese voller Pflanzen, und irgendwo sprießt ein Gewächs, das schadet, und um das zu vernichten, wird die ganze Wiese zerstört. Es musste doch Alternativen geben! Mit Percy besprach ich, dass ich mich darum kümmern würde, während die Oberärztin auf den Rückruf aus München wartete. Ich setzte mich auf die Treppenstufen vor dem Krankenhaus und telefonierte mit einem Arzt und einem Homöopathen unseres Vertrauens sowie einer guten Freundin, die ich für eine Heilerin halte. Keiner konnte mir auf die Schnelle eine Antwort geben. Alle versprachen, sich im Laufe des Abends zu melden.

Als Lukas aufwachte, wollte ich ihm möglichst schonend beibringen, dass er bleiben musste. Lukas unterbrach mich: »Das weiß ich schon, Mama. Und ich bleibe auch gern hier. Die sind alle sehr nett, und weißt du, Mama, hier fühle ich mich sicher.«

»Und du würdest einer Cortisonbehandlung zustimmen?«

Lukas wusste, was das bedeutete, einer seiner Spielkameraden auf Ibiza litt an Neurodermitis, wir hatten oft darüber gesprochen. »Ja. Wenn mir das hilft. Hier fühle ich mich sicher«, wiederholte er.

Darüber diskutierte ich dann lang mit Percy, aber noch länger mit mir selbst.

Überspitzt formuliert, war die Schulmedizin für mich Handlanger der Pharmaindustrie, die nicht an der Gesundheit interessiert ist, sondern an der Krankheit, weil sie damit Geld verdient. Wenn möglich, mied ich die Schulmedizin, und bislang waren wir damit auch sehr gut gefahren. Doch jetzt standen wir vor einer Situation, in der wir mit Homöopathie und anderen natürlichen Methoden nicht weiterkamen. Diese Situation erforderte eine klare Antwort. Wir mussten uns eindeutig für die Schulmedizin entscheiden, was ja nicht bedeutete, dass wir nicht zusätzlich mit Homöopathie unterstützen konnten. Aber es brauchte ein klares Ja zur Schulmedizin, kein *Ja, aber* und im Herzen eher auf Naturheilkunde setzen oder irgendetwas anderes und der Schulmedizin letztlich doch nicht vertrauen. Alles ist immer auch eine Vertrauensfrage. Gewiss hatten wir unglaublich viel mit Yoga erreicht, aber unsere Zweifel an einer konventionellen Therapie würden Lukas' Heilung behindern.

Unser Sohn musste spüren, dass wir voll und ganz hinter den Ärzten standen. Das würde seine Selbstheilungskräfte stärken. Der Glaube an Heilung ist mindestens die halbe Heilung, wenn nicht fast die ganze. Als wir die Ärzteschaft und das Pflegepersonal auf der Station ein wenig kennengelernt hatten, sagten wir aus vollem Herzen Ja. Es waren wundervolle Menschen, die das gleiche Ziel hatten wie wir: Lukas sollte gesund werden. Wir lernten, uns vom Schwarz-Weiß-Denken zu verabschieden. Wie im Übrigen auch die Menschen in den weißen Kitteln, denen wir anfangs sicher sehr seltsam vorgekommen waren. Wir erschienen barfuß im Krankenhaus, weil wir überstürzt losgefahren waren. Percy trug eine Pluderhose, Lilly und Simon waren ungekämmt, und Lilly hatte einen fetten Johannisbeerfleck auf dem T-Shirt. Ihre Fingernägel waren auch nicht sauber. Doch in der Sorge um das Leben des Jungen bewertete uns niemand. Oder wir merkten es nicht.

Der Segen

Der Mann stellte sich uns vor als Mitarbeiter des Kriseninterventionsteams. Wir kannten das KIT leider bereits – nach Zaras Tod erkundigte sich eine Mitarbeiterin, ob wir Hilfe benötigten. Das Kriseninterventionsteam betreut, berät und begleitet Menschen, die unmittelbar nach einem außergewöhnlichen Vorfall unter schweren seelischen Belastungen leiden oder unter einem akuten psychischen Schock stehen. Die frühzeitige Intervention macht diese Menschen wieder handlungsfähig und beugt der Entstehung einer posttraumatischen Belastungsstörung vor. Diesbezüglich hielten wir uns allerdings nicht für gefährdet, und wir hatten ja selbst eine »Intervention«: unsere Yogapraxis, die nicht bloß den Körper bewegt, sondern vor allem den Geist – in der Haltung zum Leben.

»Danke, wir kommen klar«, sagten wir zu dem Mitarbeiter des KIT.

»Und Sie haben also keinen festen Wohnsitz?«, erkundigte er sich.

Ich wurde hellhörig.

»Ja«, bestätigten wir.

»Und Sie fahren so durch die Gegend, heute hier, morgen da. So wie Zigeuner?« Sein Gesicht war freundlich, doch die Wortwahl irritierte mich. Womöglich merkte er das selbst nicht, vielen Menschen ist Sprachsensibilität fremd.

»Nein, Roma oder Sinti sind wir nicht, auch wenn meine Hautfarbe dunkel ist«, entgegnete Percy offen, womit er den hilfsbereiten Mann ein wenig aus der Fassung brachte. Wir unterhielten uns dann doch eine halbe Stunde, und es war ein schönes Gespräch, das mich auch deshalb berührte, weil es mir zeigte, in welchem sozialen Netz wir hier in Deutschland leben. Wie schnell man aufgefangen wird, dass von allen Seiten Hilfe kommt, wenn ein Unglück geschieht. Im Krankenhaus gab es auch eine Psychologin und eine Sozialarbeiterin, die Gespräche anboten und auch praktische Unterstützung – zum Beispiel bei der Kinderbetreuung. Wir erzählten von Schönsee, wie gut Lilly und Simon dort aufgehoben waren. Wir mussten uns keine Sorgen um die beiden machen. Kein Herumtelefonieren, wer die Kinder nehmen könnte. Es war genau so, wie wir es uns immer gewünscht hatten. Eine herzliche Community.

Einige Tage nach dem Gespräch mit dem KIT erhielten wir Besuch vom Jugendamt. Wer es verständigt hatte, blieb im Dunkeln. Eine ebenfalls sehr nette Mitarbeiterin fragte uns zuerst versteckt, dann immer offener aus. Wir sahen keinen Grund, etwas zu beschönigen, wir hatten nichts falsch gemacht, unser Status war rechtlich einwandfrei. Ihre anfängliche Skepsis weichte auf, verwandelte sich in aufrichtiges Interesse. Ab einem bestimmten Zeitpunkt fragte nicht mehr die Institution des Jugendamtes, sondern ein Mensch, der mit uns fühlte und auch Lukas gerne kennenlernen wollte, der allerdings zu müde für ein Gespräch war. Durch die starken Medikamente schlief er viel, meistens hielten wir seine Hand, einen Fuß – er sollte immer spüren, dass er nicht allein war. Es faszinierte die Frau vom Jugendamt, dass wir »Berge von Essen« ins Krankenhaus brachten. Ob Lukas Allergiker sei?

»Es schmeckt ihm hier nicht. Und das ist auch kein Wunder, die Mahlzeiten sind, also nach unserer Ansicht, tote Nahrung, da ist nichts drin, was unser Sohn jetzt braucht. Deswegen koche ich für ihn. Wissen Sie, wie viel ein Krankenhaus ausgibt für die Verköstigung eines Patienten? Ich habe einmal gelesen, es wären drei Euro. Dafür kann man nicht die Nahrung einkaufen, die ein Genesender benötigt. Ich koche alle seine Lieblingsspeisen und rühre Liebe und Gesundheit rein«, erklärte ich das Konzept von *Karma Cooking*.

Die Frau wies auf den Tisch, der wirklich ein bisschen wie ein Büfett aussah. »So viel Essen? Das schafft der kleine Kerl doch nicht!«

»Sie können gern mal probieren! Wir haben extra mehr mitgebracht – auch für das nette Personal hier.«

»Und der Tisch ist in dreißig Minuten leer«, ergänzte Percy. »Also heute nicht, weil Sie da sind.«

»Na, dann nutze ich diese Chance doch«, schmunzelte sie.

Beim Abschied sagte die Frau vom Jugendamt: »Ich möchte ganz offen sein. Sie haben natürlich gemerkt, dass ich mich vergewissern wollte, dass das Kindeswohl nicht gefährdet ist.«

Wir nickten.

Die Frau legte ihre Hände auf unsere Unterarme, drückte sacht. »Sie beide sind ganz wundervolle Eltern und eine beeindruckende Familie.«

»Ist das jetzt der Amtssegen?«, fragte Percy.

»Das ist meine persönliche Meinung.«

Blaulicht!

Lukas' Zustand hatte sich in den ersten drei Tagen zwar stabilisiert, doch seine Werte blieben konstant schlecht. Die Oberärztin telefonierte mehrmals am Tag mit der nephrologischen Kinderklinik in München. Wir überlegten, ob wir sie bitten sollten, Lukas dorthin zu verlegen. Als sich Lukas' Befinden plötzlich dramatisch verschlechterte, sprach sie es von sich aus an, und ehe wir es überhaupt begriffen, lag unser Sohn auf der Intensivstation. Der Stationsarzt bat uns, die Einwilligung für ein MRT mit Vollnarkose zu unterschreiben, und reichte Diana einen Kugelschreiber.

»Moment mal«, mischte ich mich ein. »Warum eine Vollnarkose? Die belastet die Nieren doch.«

Der Arzt erklärte ausführlich, warum. Es überzeugte mich noch immer nicht.

»Gibt es keine andere Möglichkeit?«

»Nein. Wir müssen abklären, ob er transportfähig ist.«

»Würden Sie es bei Ihrem eigenen Sohn genauso machen?«

»Ja«, sagte er, ohne zu zögern.

Wir unterschrieben. Und dann warteten wir und beteten und atmeten und meditierten. Aus Schönsee bekamen wir weiterhin unendlich viel Unterstützung und Kraft. Manchmal setzte sich jemand einfach zu uns, ohne viel oder überhaupt zu sprechen, einfach nur, um zu zeigen: Ihr seid nicht allein. Lilly und Simon waren noch nie so lange von ihrem Bruder getrennt gewesen und vermissten ihn sehr. Wir alle vermissten unseren lieben Lukas sehr.

Als wir nach dem MRT ins Sprechzimmer gerufen wurden, hatte ich weiche Knie. Käme jetzt die nächste Hiobsbotschaft? Nein, wir durften aufatmen. Es blieb bei der Nierenerkrankung, es war nichts anderes Schlimmes hinzugekommen, ein vager Verdacht, der abgeklärt werden musste, hatte sich nicht bestätigt. Und so stand der aus medizinischen Gründen unumgänglichen Verlegung auf die nephrologische Intensivstation der Kinderklinik im Schwabinger Krankenhaus nichts mehr entgegen.

»Ui«, freute Lukas sich. »Fliegen wir da mit dem Hubschrauber hin?«

Ois is Yoga

In München war alles anders als in der Provinz. Das riesige Krankenhaus, die vielen Nebengebäude – da mussten wir uns erst einmal zurechtfinden, und obwohl wir uns in einer Großstadt aufhielten, wurden wir auch hier ein wenig schräg angeschaut. Doch schnell merkten wir, dass es in der Klinik von Engeln nur so wimmelte: wundervolle Menschen, die sich einfühlsam und liebevoll um ihre kleinen Patienten kümmerten. Wir spürten, dass wir in diesem engmaschigen Netz höchster medizinischer Kompetenz ein Stück weit entspannen durften. Und wie gut sorgte die Gesellschaft für ihre kranken Mitglieder! So hatte ich das alles noch nie betrachtet, es war überwältigend – und zugleich erschütternd, denn wir erlebten das Nachrichtenthema Pflegenotstand täglich live. Entscheider, die Lichtjahre entfernt vom Klinikalltag an den Hebeln der Macht sitzen, stellen die Weichen, und die Mitarbeiter auf den Stationen tragen die Verantwortung. Sie mussten es mit ihrem Gewissen vereinbaren, wenn sie nur eine Überstunde machten anstatt drei, wie es mindestens nötig wäre, um die Patienten ein wenig mehr als rudimentär zu versorgen. Sie standen an der Front und wurden oft alleingelassen.

Auf der Intensivstation war der Personalschlüssel menschenfreundlicher. Die Stimmung in München empfanden wir völlig anders als in der Oberpfalz, aber das war ja auch keine Fachklinik wie diese. Kompetenz und Professionalität strahlten aus jeder Pore der Räume. Und das merkte Lukas auch, der sich sehr gut aufgehoben fühlte, wenngleich er dem Hubschrauber ein wenig nachtrauerte, das wäre noch viel besser gewesen, als Quad zu fahren! Allein das Essen ließ zu wünschen übrig. Das vegane Abendessen bestand aus einer Scheibe Pumpernickel und einer Tomate. Eine Krankenschwester trug es gleich wieder hinaus. »Ach so. Das ist ein Irrtum.«

Aber sie meinte nicht die Qualität, sondern die Adresse. Lukas durfte im Moment gar keine Nahrung zu sich nehmen. Seine Nieren sollten punktiert werden. Eine gruselige Vorstellung, doch der Arzt sprach darüber, als wäre es eine alltägliche Kleinigkeit wie etwa Nägel schneiden. Wir fragten, ob er das schon oft gemacht hätte.

»Mehrere Tausend Mal«, antwortete er.

Wir unterschrieben die Einwilligung.

Diana und ich gingen ganz automatisch davon aus, dass wir weiterhin bei Lukas im Zimmer schlafen würden. Doch München war nicht die Oberpfalz.

»Das ist nicht möglich. Wir sind eine Klinik und kein Hotel«, hörten wir, leichtes Erstaunen im Blick.

»Aber vorher ging das doch auch.«

»Dies hier ist eine Intensivstation«, erklärte mir die leitende Ärztin. »Wir sind dafür nicht eingerichtet. Ihr Sohn ist in den allerbesten Händen. Wir passen gut auf ihn auf. Er wird schlafen und gar nicht merken, dass Sie nicht im selben Raum sind.«

Ich versuchte es noch einmal, hatte jedoch keine Chance.

»Bitte respektieren Sie unsere Besuchszeiten«, bat mich die Ärztin.

»Ja«, sagte ich. Doch als ich Lukas erklärte, dass wir nicht bei ihm bleiben könnten, als er die Augen aufriss und mich entsetzt anblickte, als ich spürte, wie dringend er uns, mich, in diesen Stunden bei sich brauchte … Als er es auch noch sagte …

»Papa, bitte bleib bei mir!«

Da musste ich noch einmal an die Zimmertür der Ärztin klopfen.

»Haben Sie Kinder?«, fragte ich sie.

Sie schaute mir prüfend in die Augen. Dann sagte sie: »Okay. Ausnahmsweise. Aber nur für eine Nacht.«

Ich hatte eine Sonnenliege von irgendeinem Balkon aus einem Privatzimmer bekommen. Das schrecklichste Bett meines Lebens – doch ich war unendlich dankbar, bei Lukas sein zu dürfen. Über und neben ihm standen viele Apparate. Schläuche transportierten Flüssigkeiten und Medikamente in seinen Kinderkörper hinein und hinaus. Seine Werte wurden ständig überprüft, und mehrmals in der Stunde ging ein Alarm los. Eine Infusion oder ein Beutel musste gewechselt werden, es gab einen Stau, oder der zu hohe, launische Blutdruck piepte. Lukas bekam blutdrucksenkende Mittel, aber sie mussten fein dosiert werden, damit der Blutdruck nicht zu tief fiel. Diese Balance zu finden war schwierig und dauerte eine Weile.

Ich weiß nicht, ob ich wirklich schlief, ich wollte auch gar nicht schlafen, ich wollte wach sein und da sein für meinen Sohn, ihn in meine Liebe hüllen und ihm Kraft schicken und die Gewissheit seiner vollständigen Heilung.

»Und, wie war die Nacht auf der Liege?«, fragte mich die Ärztin am nächsten Morgen.

»Noch nie so gut geschlafen«, entgegnete ich.

»Ich auch«, sagte Lukas. »Weil mein Papa bei mir war.«

Die Ärztin schaute uns beide lange an. Sehr müde sah sie aus, als wäre sie seit mindestens vierundzwanzig Stunden im Dienst.

»Möchten Sie ein bisschen Obstsalat?«, fragte ich sie.

Sie winkte ab. Sie wollte wahrscheinlich nur eins: ins Bett. Als es Lukas wieder besser ging, verköstigten wir ihn auch auf der Intensivstation, und nicht nur ihn. Diana bereitete zudem für das Personal Leckereien zu, alles in der Busküche, in der sie souverän jonglierte; jeder Handgriff saß. Wir hatten den Bus am Englischen Garten geparkt und fuhren mit den Rädern hinüber ins Schwabinger Krankenhaus, quer durch den Englischen Garten, wo Frisbee gespielt und im Eisbach gebadet wurde, wo es nach Sonnencreme roch und Hunde über die Wiesen tollten, wo es aussah wie Urlaub für alle und es scheinbar keine Probleme gab. Es war ein seltsamer Gegensatz, diese Stimmung zu durchqueren und auf der Intensivstation zu landen, wo wir auf den Fluren der Kinderklinik zahlreiche Eltern mit verweinten Gesichtern trafen. Wir versuchten immer, ein Stück vom Englischen Garten mit hereinzubringen. Manchmal gelang es. Vielleicht war das mit ein Grund dafür, dass wir bald vom Personal so herzlich begrüßt wurden, es hatte fast den Anschein, als freuten sie sich, uns zu sehen. Kein Wunder, oft schleppten wir mehrere Taschen mit Leckereien an. So konnten wir uns ein kleines bisschen bedanken für die großartige Betreuung von Lukas. Als er endlich auf Normalstation verlegt war, konnten wir uns auch auf Gespräche mit anderen Eltern einlassen. Auch diese Begegnungen waren eine Bestätigung für uns, dass es darauf ankommt, das Herz zu öffnen und zu vertrauen. Oder, wie ein altes deutsches Sprichwort sagt: Wie man in den Wald hineinruft, so schallt es heraus. Manche Eltern beobachteten unsere yogischen Methoden mit Skepsis, doch niemand machte sich über uns lustig, wir saßen hier alle in einem Boot, alle sorgten sich um ihre Kinder – und es schadet ja nicht, mal nachzufragen, was die anderen so machen, vielleicht hilft es meinem eigenen Kind auch.

»Wir atmen mit Lukas.«

»Hat er jetzt auch noch ein Lungenproblem?«

Und schon waren wir mittendrin in der Theorie. Die Praxis folgte auf dem Fuß.

Als Lukas vom letzten Tropf abgesteckt wurde, begannen wir ihn mit sanftem Yoga behutsam zu mobilisieren, zuerst nur im Zimmer.

»Na, wieder mal am Sporteln, die Familie Johannsen?«, fragte ein Nierenprofessor bei der Visite gut gelaunt.

»Ja, und Sie können auch mitmachen, weiß angezogen sind Sie ja schon«, lud Lukas ihn schlagfertig ein.

»Ganz schön frech, der junge Mann«, lächelte der Arzt. »Aber so was sehen wir hier gern. Dir geht es also besser als gestern? Wo es dir gestern doch schon so gut ging, deutlich besser als vorgestern, wenn ich mich nicht irre?«

»Wann darf ich raus?«

»Die Frage hören wir hier nicht so gern. Ein bisschen musst du dich noch gedulden. Aber es geht steil aufwärts!«

Lukas' Nieren hatten wieder zu arbeiten begonnen, die Eiweißmenge im Urin nahm kontinuierlich ab. Doch von seiner alten sportlichen Form war er noch weit entfernt. Unser lieber Junge war sehr schwach geworden, wenn auch nur in seinem Körper. Sein Geist war stark. Als er das Bett verlassen durfte, wollten wir gern mit ihm nach draußen. Doch aus versicherungsrechtlichen Gründen mussten wir innerhalb des Krankenhauses bleiben. Egal – wir waren schon glücklich, ihn im Flur auf seinen eigenen Beinen zu sehen, wenn auch wacklig. Ich kreierte eine kliniktaugliche Yogasession, deren Höchstschwierigkeit sich im Treppenhaus befand. Mit langsamen Pranayama-Atemübungen erklommen wir die Treppe, jede Stufe, einatmen, ausatmen, Pause. Zuerst eine Stufe einatmen, eine Stufe ausatmen. Schließlich eine Treppenstufe einatmen, zwei Treppenstufen ausatmen …

Ständig wurden wir überholt. Wir merkten es gar nicht. Diana berichtete, wie die Leute geschaut und dann unwillkürlich bewusster geatmet hätten. Einatmen und ausatmen. Der Fluss des Lebens.

»Was machen Sie denn da, wenn man fragen darf?«

»Yoga.«

»Aber Sie steigen doch Treppen!«

»Ois is Yoga!« Auf Hochdeutsch: Alles ist Yoga.

Nach drei Tagen erging es mir wie auf dem Campingplatz in Portugal. Ich hatte eine Gruppe kleiner Patienten um mich, die alle mitmachen wollten, und dann auch noch ihre Eltern. Zwei Krankenschwestern, ein Pfleger und eine Ärztin schlossen sich uns ebenfalls an. Und der Stationsarzt feixte, wann immer er uns sah, was er einmal aufgeschnappt hatte: »Tiiiief in die Nieren atmen, gell.« Die Vorstellung, in die Nieren zu atmen, war wahrscheinlich völlig absurd für ihn, aber er ließ uns gewähren. Eines Tages sagte er zu mir: »Solche Patienten wie Sie hatten wir noch nie.«

»Herr Doktor«, erinnerte ich ihn. »Eigentlich ist es nur ein Patient. Aber ich versteh schon.«

Er stutzte. »Nix für ungut. Sie sind halt ein wenig besonders – alle miteinander.«

»Bei Ihnen wär ich sogar gern Patient.«

»Wir tun hier nur unseren Job.«

»Aus vollstem Herzen.«

Das Festival

Was unser Namasté-Yoga-Festival betraf, waren Percy und ich nicht einmal mit einem Viertelherzen bei der Sache. Lukas' Sturz fiel in die Hochzeit der Organisation; normalerweise verstärkten wir in den Wochen vor dem Festival unsere Marketingaktivitäten, oft hatten wir in dieser Zeit sogar noch Sponsoren gefunden, und es hatten sich neue Events und Aktivitäten aufgetan. Je näher die Veranstaltung rückte, desto mehr hatten wir zu tun. Diesmal schafften wir es kaum, die Anfragen zu beantworten und das Gröbste zu organisieren, mit dem Resultat, dass sich deutlich weniger Teilnehmer anmeldeten als üblich. Was uns aber egal war. Verblüfft waren wir allerdings von den Reaktionen mancher Yogis und Yoginis, die, alles andere als yogisch, kein Verständnis für unsere Sorge um Lukas zeigten. Oder andersherum dafür, dass wir das Festival unter diesen Umständen stattfinden ließen. In Einzelfällen wurden wir mit heftigen Vorwürfen konfrontiert à la: Wie könnt ihr feiern, wenn euer Sohn im Sterben liegt?

Ich entschied mich, unsere Situation öffentlich zu machen, und postete Lukas' Erkrankung. Daraufhin erreichte uns eine Flut von unterstützenden Worten, doch die Kritiker verstummten nicht, die alles besser wussten, nämlich, dass wir schlechte Eltern wären. Je nach Tagesform nahm ich mir so etwas zu Herzen. Ich konnte mich nicht so wie Percy, der sich das wahrscheinlich von Dschinn abgeschaut hatte, einmal schütteln und alles war weg.

Die Festivals sicherten unser Auskommen, die Vorbereitungszeit für das Namasté-Festival beträgt zehn Monate, wir waren mit einer hohen Summe in Vorleistung gegangen. Außerdem wollten wir die längst engagierten Yogateacher und Künstler und alle, die sich auf den Event freuten, nicht enttäuschen. Diese Entscheidung bereuten wir keine Sekunde. Neue Energie durchströmte uns im Kreis von Menschen, die mit uns gemeinsam für Lukas' Heilung meditierten, beteten, sangen, gute Gedanken schickten. Jeden Tag fand eine Zeremonie für Lukas statt. Wie gern wäre er dabei gewesen, doch die hochdosierte Cortisonbehandlung, die er auch nach seiner Entlassung noch für einige Wochen würde fortsetzen müssen, schwächte sein Immunsystem. Wegen der enormen Infektionsgefahr sollte er Menschenansammlungen meiden. Aber ansonsten ging es ihm immer besser. Zweimal wurde der Entlassungstermin in letzter Minute verschoben, weil die Ärzte mit den Werten nicht zufrieden waren.

»Wir möchten Sie erst gehen lassen, wenn wir den Eindruck haben, Lukas ist wirklich stabil. Sonst fängt er sich eine Infektion ein, und Sie sind schneller wieder da, als Ihnen lieb ist.«

»Ehrlich gesagt, wollen wir gar nicht mehr kommen«, gestand ich.

»Wir möchten Sie hier idealerweise auch nicht mehr sehen«, lächelte eine Ärztin.

Während des Festivals war ich öfter allein mit Lukas, weil Percy unabkömmlich war. Ich konnte es spüren, dass an uns gedacht wurde, und das tat sehr gut. Marie und die Omas und Lukas' Tante übernahmen auch einmal eine Schicht, sodass ich kurz zum Festival an den Ammersee düsen konnte.

Die Cortisonbehandlung schlug sehr gut an. Lukas fühlte sich »zum Bäumeausreißen«, aber das brachte neue Schwierigkeiten: Er langweilte sich entsetzlich. Er wollte raus.

»Mama, wann darf ich heim?«, fragte er so oft wie Lilly, wenn ihr das Autofahren auf die Nerven ging: Mama, wann sind wir da? Immerhin durften wir nun wenigstens in den Krankenhausgarten, also in die Baustelle … aber es war trist dort.

Außerhalb der Mauern herrschte Badewetter. Ein Bilderbuchsommer fiel jeden Tag aufs Neue vom Himmel, doch für uns blieb das Buch zugeklappt. »Hier ist es wie im Gefängnis«, sagte Lukas.

»Bald hast du es geschafft«, versuchte ich ihn aufzumuntern, wenngleich mir klar war, dass wir es noch lange nicht geschafft hatten. Zuerst einmal mussten wir die Cortisonbehandlung beenden. Noch litt Lukas nicht an Nebenwirkungen, doch sie würden kommen, das hatte man uns versichert. Er würde aufschwemmen, zunehmen, sein Aussehen verändern. Das wäre eine schwierige Situation. Weiterhin sollte er sich beim Kontakt mit anderen Menschen außer seiner Familie zurückhalten. Und er brauchte viel Ruhe.

»Mama, ich will, dass wir wieder mit dem Bus losfahren. Gleich wenn ich entlassen werde.«

»Möchtest du dich nicht lieber noch ausruhen? In Schönsee vielleicht?«

»Mama, ich bin ausgeruht! Ich lieg doch nur im Bett. Bitte, lass uns wieder fahren. So wie letztes Jahr. Das war so schön! Bitte, Mama, ich will ans Meer.«

Ich sprach mit dem behandelnden Arzt. Ich wollte die Klinik nicht auf eigene Verantwortung verlassen, sondern nur mit einem klaren Ja der Ärzte, denen ich vollständig vertraute.

»Wir dachten an übermorgen«, sagte der Arzt, überlegte. »Ich schau mir die Werte von heute noch mal an. Vielleicht können wir die Entlassung beschleunigen. Wir haben sie ja auch schon mehrmals verschoben. Jetzt ist es dringend, gell?«

»Sehr«, nickte ich.

Eine Stunde später ging die Schranke hoch. »Okay, Lukas. Heute darfst du gehen!«, verkündete der Arzt.

Lukas sprang aus dem Bett und rannte hinaus, barfuß! Ich hatte Mühe, ihm nachzukommen, fing ihn auf der Straße ein.

»Mama! Endlich bin ich frei! Bitte! Können wir an den Ammersee fahren?«, keuchte er kurzatmig, das Gesicht rot von der ungewohnten Anstrengung.

Zwei Stunden später veranstalteten wir bei Bianca im Garten eine kleine Willkommensparty. Auf Lukas' ausdrücklichen Wunsch bereitete ich Lasagne zu. »Das klingt so schön nach Meer und Wellen, Mama!«

Lasagne

Zutaten für die Bolognese-Soße
2 Packungen Tofu Basilikum à 200 g
1 mittelgroße Zwiebel
2 Knoblauchzehen

4–6 EL Olivenöl
4 EL Tomatenmark
1 Flasche Passata, 700 ml
optional 1 kleine Karotte, sehr fein geraspelt
1 Schuss Agavensirup
Salz, Pfeffer
italienische Kräuter nach Gusto
500 g Lasagneblätter

Zutaten für die Bechamel-Soße
80 g Alsan
80 g Mehl
500 g Sojamilch, ungesüßt
450 ml Soja-Sahne
1 Prise Muskatnuss
2–3 TL Salz (nach Geschmack)
weißer Pfeffer

Den Tofu mit den Händen in ungleichmäßige, nicht zu kleine Stückchen bröseln, zur Seite stellen. Zwiebel und Knoblauch schälen und in klitzekleine Stückchen schneiden.
In einer großen Pfanne das Olivenöl stark erhitzen, den Tofu kräftig anbraten, sodass er braun, fast schon knusprig wird. Die Hitze reduzieren, die klein geschnittenen Zwiebeln und den Knoblauch zugeben, unter ständigem Rühren 1–2 Minuten weiterbraten. Tomatenmark in der Pfanne unterrühren, alles mit Passata ablöschen. Zum Schluss noch einen kleinen Schuss Agavensirup dazu, um die Säure der Tomaten etwas auszugleichen, und evtl. die getrockneten italienischen Kräuter, dann Deckel drauf und ca. 30 Minuten vor sich hin köcheln lassen. Um die Soße zu verlängern, kann man vor dem Einkochen noch eine kleine Karotte im Mixer sehr fein raspeln und unter die Soße heben. Immer wieder umrühren. Liebe einrühren.

Währenddessen wird die Bechamel-Soße vorbereitet. Hierfür die Alsan in einem Topf auf mittlerer Hitze schmelzen lassen, dann das Mehl zugeben und mit einem Kochlöffel unter dauerndem Rühren hellbraun werden lassen. Jetzt mit der Sojamilch und der Soja-Sahne ablöschen, mit einem Schneebesen gründlich mit der Mehlschwitze verbinden. Das Milch-Mehl-Gemisch unter Rühren auf mittlerer Hitze zu 2/3 einkochen lassen, sodass eine dickflüssige cremige, sämige Soße entsteht. Mit Salz, Pfeffer und Muskatnuss abschmecken.

Den Backofen vorheizen auf 160 °C (Ober-/Unterhitze). Eine Auflaufform mit Alsan einfetten, eine Schöpfkelle Bechamel-Soße am Boden der Form verteilen, dann mit Lasagneblättern auslegen. Darauf 1 Schöpfkelle Bolognese-Soße, gefolgt von 1 Schöpfkelle Bechamel-Soße, wieder Lasagneblätter usw. Mit Bechamel-Soße beenden. Oben drauf ein paar Flocken Alsan.

Etwa 30 Minuten backen bzw. bis die Lasagneblätter durch sind.

Lilly und Simon klebten wie Bodyguards an Lukas, berührten ihn immer wieder, als wollten sie sich vergewissern, dass er wirklich da war.

Lilly breitete die Arme aus: »Soooooooooooooo haben wir dich vermisst!« Zur Bekräftigung sprang sie auch noch in die Luft. Aber es war immer noch zu wenig: »Bis zum Mond!«

»Und zurück«, verlängerte Simon und legte seinen Arm um Lukas, wozu er sich mächtig strecken musste: »Solange du noch ein bisschen müde bist, kann ich auf dich aufpassen«, unterstützte der kleine den großen Bruder. Und der wies das überraschenderweise nicht zurück, sondern bedankte sich. »Cool!«

»Gut sieht er aus«, komplimentierte Bianca, die Lukas lange nicht gesehen hatte, und fragte mich nach der Prognose der Ärzte.

»Mit jedem Tag besser«, antwortete ich. »Sollte es innerhalb der nächsten beiden Monate und dann im nächsten Intervall innerhalb von zwei Jahren keinen Rückfall geben, sind wir mit dem Thema durch.«

»Und wo wohnt ihr jetzt?«, fragte Bianca. »Wollt ihr ein paar Tage bei uns bleiben?«

»Lukas will unbedingt ans Meer«, wiederholte ich seinen Wunsch.

Zwischen Pech und Karma

»Dann fahren wir ans Meer«, sagte Percy. »Ich sage ein paar Termine ab. und wir stellen uns an einen schönen Strand.«

Aber das wollte Lukas nicht. Er wollte, dass wir lebten wie im letzten Jahr, als alles unbeschwert war. Dann würde er am schnellsten gesund.

»Was für einen klugen Sohn wir haben«, freute Percy sich. Beachtung bringt Verstärkung. Wenn ich mich auf Krankheit fokussiere, säe ich sie.

Lukas' Geist war stark. Er hatte einen Riesensprung gemacht, wie es so oft ist, wenn Kinder krank sind. Wir waren sehr glücklich und staunten über die neue Reife, die wir entdeckten. Als Kind checkte er in der Klinik ein, als Jugendlicher checkte er aus.

Doch leider wurde diese Entwicklung nicht von allen Familienangehörigen gesehen, im Gegenteil. Manche interpretierten die Krankheit als Bestätigung für ihre allerschlimmsten Befürchtungen und sprachen sie auch aus oder dachten sie so laut, dass wir sie hören konnten.

Wärt ihr nicht abgehauen, wäre das alles nicht passiert!
Bestimmt hat er sich im Ausland was eingefangen!
Bei eurem Lebenswandel ist das ja kein Wunder!
Warum ist er wohl krank geworden?

Dieses Herumgeziehe, das ist doch nichts für ein Kind!
Warum seid ihr nicht früher zum Arzt gegangen?
Ihr seid verantwortungslos!
Ihr hättet gleich nach München in die Klinik fahren müssen, nicht erst herumdoktern irgendwo in der Provinz, dann wäre es nie so schlimm geworden!
Kinder brauchen Fleisch, sonst werden sie krank, das sieht man ja!

Mein Mutterherz blutete. Ja, im Nachhinein fragte ich mich manches auch, doch wir waren zweimal im Ausland bei Ärzten gewesen, und nach der »Wunderheilung« hatten wir in Deutschland ein Blutbild machen lassen, das keine Auffälligkeiten zeigte. War es fahrlässig, dem grünen Licht eines Arztes zu vertrauen?

Auch Astrologen wollten helfen und boten an, den Grund der Erkrankung aus den Sternen zu lesen.

Hobbypsychologen fragten uns:

Habt ihr euch mal überlegt, warum Lukas krank geworden ist?

Habt ihr die Möglichkeit in Betracht gezogen, dass das vielleicht etwas mit euch selbst zu tun haben könnte?

Es heißt doch immer, Kindern spiegeln ihre Eltern.

Habt ihr unterschwellige Aggressionen?

Was geht euch an die Nieren?

Braucht Lukas mehr Stabilität?

Kommt er mit seiner Rolle als Erstgeborener nicht klar?

Ist Percy zu oft unterwegs gewesen?

Habt ihr schon mal in Erwägung gezogen, eine Familientherapie zu machen?

Vielleicht wollte Lukas einfach nicht mehr reisen und hat euch auf seine Art und Weise ein Stopp signalisiert?

Bei solchen Kommentaren erinnerte ich mich stets an eine Ärztin im Schwabinger Krankenhaus, die ich in einem intensiven Gespräch in der Cafeteria nach meiner, nach unserer Verantwortung gefragt hatte.

»Ein kranker Mensch ist in erster Linie ein hilfsbedürftiger Mensch, kein schuldiger. Kranken Menschen die Verantwortung für ihr Leiden zuzuschieben stärkt sie nicht, sondern schwächt sie. Der Beweggrund ist egoistisch: Indem man den Kranken verantwortlich macht, braucht man sich nicht um ihn zu kümmern, er hat es ja selbst verschuldet. Außerdem offenbart es eine geradezu infantile Allmachtsfantasie. Krankheit geschieht wie schlechtes Wetter, und es gibt unzählige Ursachen dafür, ob genetisch oder weil Sie vor zehn Jahren in einem Büro gearbeitet haben, in dem ein giftiger Klebstoff verbaut wurde … Pech gehabt.« Sie hatte gezögert und schließlich lächelnd hinzugefügt: »Oder schlechtes Karma, so würden Sie es verorten?«

»Irgendwo dazwischen«, stimmte ich zu und fühlte mich sehr gut verstanden und aufgehoben, wenngleich ich nicht zu entscheiden vermochte, ob eine Krankheit ein schlechtes oder ein gutes Karma wäre …

Esoteriker*innen suchten in Lukas' Erkrankung eine übergeordnete Bedeutung. Was ist das eigentliche Thema?, fragten sie. *Trägt er mit seiner Erkrankung ungelöste Probleme aus früheren Leben aus? Worauf möchten Lukas' Nieren euch aufmerksam machen? Du, ich hab da was gelesen, dass Nieren immer für Partnerschaft stehen, es sind ja zwei. Habt ihr vielleicht Probleme, Percy und du, und deshalb ist Lukas krank geworden?*

Wieder erinnerte ich mich an ein Gespräch, diesmal noch in der Oberpfalz. Percy hatte einen Arzt gefragt, wofür die Niere stehe, und damit etwas anderes gemeint als der Arzt, der antwortete: »Sie filtert das Blut und sorgt für die Ausscheidung der Endprodukte des Stoffwechsels, die beim Wasserlassen ausgeschieden werden. Außerdem reguliert sie den Wasser- und Elektrolythaushalt und das Säure-Basen-Gleichgewicht, bestimmte Hormone werden produziert und dadurch der Blutdruck geregelt, und sie spielt eine Rolle bei der Bildung roter Blutkörperchen.«

Das wiederholte ich, wenn mir gewisse Deutungen auf die Nerven gingen. Wir begegnen als Veranstalter von Festivals Hunderten von Menschen. Sorgen, Kummer, Ängste, psychologische Muster werden auf uns projiziert. Und das mussten unsere ohnehin schon arg strapazierten Nieren bitte schön nicht auch noch klären!

Es ist nicht so, dass wir vor bestimmten Fragen davonliefen, ganz im Gegenteil. Phasenweise beschäftigten wir uns Tag und Nacht damit. Doch bei aller Dankbarkeit für wichtige Impulse wurde doch so manche Grenze übertreten. Vor allem als wir die Zukunft nach Lukas' Klinikaufenthalt planten.

Ihr könnt jetzt aber nicht wieder zurück ins Auto!

Ihr habt doch jetzt ein schwer krankes Kind!

Wie soll das denn weitergehen?

Wie wollt ihr das mit der Ernährung machen, er muss doch regelmäßig essen!

Und was ist, wenn er sich irgendwo ansteckt?

Ihr müsst jetzt wieder irgendwo richtig wohnen!

In Schönsee wurden wir mit offenen Armen empfangen und akzeptiert. Niemand wollte uns etwas vorschreiben oder verurteilte unser Verhalten. »Schön, dass ihr wieder da seid!« Von allen Seiten kamen liebe Angebote. Lukas erhielt osteopathische Behandlungen, Massagen, eine Klangschalen-Session, Gesangsunterricht und wurde regelmäßig fest in den Arm genommen. Das tat so gut! Wie auch der Zuspruch von manchen unserer Freundinnen und Freunde. Denn auch wenn Lukas aus der Klinik entlassen worden war – ganz über den Berg war er noch nicht, und das sah man. Sein Gesicht schwoll an, er ging auf wie ein Kuchen, mein lieber Junge. Er fühlte sich zunehmend schwach, hatte oft gar keine Lust zu all den tollen Dingen, von denen er im Krankenhaus geträumt hatte. Kein Fußball, kein Basketball, kein Schwimmen. Er konnte sich selbst nicht mehr leiden mit den Schwellungen, allein seine Beine blieben dünn. Manche erkannten ihn gar nicht mehr ... »Wie schaust du denn aus?«, fragten seine Freunde am Ammersee. Wer nichts von seiner Erkrankung wusste, dachte, er würde maßlos essen. Lukas schämte sich einerseits, wollte aber andererseits nicht ständig erklären, woran die Gewichtszunahme lag. Und so fragten die Kinder gnadenlos weiter: »Warum bist du so dick?« Oder sie stellten fest: »Du bist aber fett!« Lukas zog sich in sich zurück oder reagierte mit Wutausbrüchen. Bei winzigen Kleinigkeiten explodierte er förmlich – auch das gehörte zu den Nebenwirkungen der Medikamente, täglich nahm er zehn Tabletten. In einer Apotheke war mir das Wort entfallen, ich hatte schließlich nach einem Schächtelchen für die Tabletten meiner Oma gefragt.

»Sie meinen einen Tabletten-Organizer.«

»Genau!

»Dann darf ich sicher eine *Apotheken-Umschau* beifügen?«

Lukas war ein extrem bewegungsfreudiges Kind gewesen. Nun ging ihm rasch die Luft aus. Er suchte sich ein neues Hobby und fing an, elektronische Musik zu machen, und er begann zu singen. Da er den Soundtrack im Kopfhörer hatte, konnten wir seine Stimmbildung live miterleben – und waren beeindruckt von seinem kräftigen Gesang. Aber er litt auch an Stimmungsschwankungen, ebenfalls eine Nebenwirkung. Gelegentlich war er traurig, doch wenn wir ihn fragten, beruhigte er uns, es gehe ihm gut, er müsse nur ein wenig ausruhen. Es war wie ein Messer im Herz, das von einem fast Zwölfjährigen zu hören, doch dann konzentrierten wir uns auf das, was war. Lukas war am Leben, und wir waren zusammen. Der Teststreifen am Morgen blieb eiweißfrei. Danke!!!

Lukas' Wunsch entsprechend machten wir alles so wie im vergangenen Jahr, und Percy absolvierte die Yoga-Festivals. Doch im Gegensatz zum letzten Jahr blieb Lukas nun in Gesellschaft von Dschinn und Neo im Bus oder in der Nähe. Wenn ich bei ihm bleiben wollte, schickte er mich oft raus. »Mama, du hast schon genug auf mich aufgepasst, und außerdem muss ich jetzt komponieren.«

In regelmäßigen Abständen stellten wir uns – jedes Mal mit Herzklopfen – im Krankenhaus ein, hofften, zitterten – und hörten: Alles in Ordnung.

Eines Tages wurden die Abstände verlängert: Kommen Sie in drei Monaten wieder. Endlich brauchte Lukas auch das Cortison nicht mehr zu nehmen. Doch die Schwellung und das Gewicht blieben zurück.

»Das dauert eine Weile«, sagten die Ärzte. »Nächstes Jahr wird er sicher kein Cortison mehr im Körper haben.«

Zurück in die Gegenwart

Außer am Meer gefiel es Lukas in diesen schwierigen Monaten in Schönsee am besten. Hier fühlte er sich sicher. Die Kinder dort beurteilten ihn nicht nach seinem Aussehen. Als wir ankamen, erklärten wir in einer großen Runde, was vorgefallen war. Damit alle wussten, dass er Tabletten nehmen musste, die dick machen. Und dann gingen die Kinder zur Tagesordnung über.

Der Tabletten-Organizer wurde immer leerer, und eines Tages in Südfrankreich nahm Lukas die letzte Pille heraus. Schon am nächsten Tag hatten wir den Eindruck, seine Lebensgeister kehrten mit Siebenmeilenstiefeln zurück. Von nun an ging es rapide aufwärts. Er wollte Yoga machen, Ball spielen, laufen, er balgte sich mit den Geschwistern, die emotionalen Schwankungen verschwanden, er wurde wieder zu dem Lukas, den wir von früher kannten, nur deutlich reifer.

Ich hätte also aufatmen können. Kurioserweise wurde mir aber nun erst so richtig bewusst, in welcher Gefahr Lukas geschwebt hatte. Gerade so, als könnte ich es jetzt erst zulassen, mich mit meinen Ängsten auseinanderzusetzen. Die ich ihn aber nicht spüren lassen wollte. Doch tief in mir drin lauerte immer noch Angst. Am schlimmsten war es, wenn ich ihm den Teststreifen reichte: kein Eiweiß! Jeden Morgen wartete ich auf den Moment, wenn ich sein Gesicht das erste Mal sah: Geschwollen? Nichts. Gott sei Dank. Beim Schwimmen am Strand scannte ich seinen Körper. Irgendwo eine Schwellung? Nichts! Und das alles sollte er nicht merken!

»Mama, warum schaust du so?«

»Ich dachte, da wäre eine Biene gewesen.«

»Mama, du lügst!«

»Ein bisschen«, gab ich zu.

Lukas kam zu mir. Wie groß er geworden war! Es würde nicht mehr lange dauern, und er würde mich überragen. »Mama, hör mal.« Er umarmte mich. »Ich bin gesund! Du brauchst keine Angst zu haben, ich bin gesund. Entspann dich!«

»Mama, immer schön flauschig bleiben«, kicherte Simon einen Spruch, den er irgendwo aufgeschnappt hatte.

Aber das war leichter gesagt als getan. Einige Zeit nach dem Tod von Zara hatte ich geglaubt, alles relativ gut überstanden zu haben. Und irgendwie habe ich uns vielleicht für geschützt gehalten. Wir hatten schon ein krasses Päckchen serviert bekommen, das musste doch genügen! Aber nein. Jetzt war noch mal eins eingetroffen, und niemand konnte garantieren, dass es dabei bleiben würde. Ich rang mit meinem Vertrauen ins Leben. Am Meer praktizierte ich viel Yoga, doch ich spürte auch, dass es eine Weile brauchen würde, bis ich wieder sicher stünde, die Schockwellen in meinem System verebbten und ich kein blödes Zeug mehr denken würde, das sowieso nichts bringt. Ganz im Sinne Mark Twains: »Ich bin ein alter Mann und habe viel Schreckliches erlebt. Aber das meiste davon ist nie passiert.«

Einige Wochen hing ich zwischen Vergangenheit und Zukunft und hatte auch mit Schuldgefühlen zu kämpfen, bis ich mit viel Yoga-Praxis wieder guten Boden im Jetzt unter die Füße bekam. Doch lange stand ich noch wacklig, und wann immer mich jemand mit sorgenvollem Gesicht fragte: »Und? Wie geht's jetzt dem armen Lukas?«, erhielt ich einen Magenschwinger. Ich weiß, dass es Menschen gibt, die sich wohlfühlen, wenn sie Probleme wälzen, wenn sie sich an Leid und Schrecken erinnern, so schön heimelig. Ich meine das jetzt gar nicht ironisch, es kann wirklich eine Strategie sein, sich im Kummer zu vereinen – geteiltes Leid ist halbes Leid. Ich fühle mich aber wohler bei lösungsorientierten Menschen und freue mich, wenn andere keine Zettel aus der Vergangenheit an Lukas heften, sondern ihn so sehen, wie er heute ist. Und so sehe ich ihn auch: Ein gesunder Junge, der mit den Kopfhörern auf den Ohren singt, dass mein Herz schwingt.

Sechste Etappe

Ankommen

Paradies Portugal

Wie sollte unser Leben nun aussehen? Was waren unsere neuen Ziele? Hatten wir überhaupt welche? Würden wir für immer in Schönsee bleiben? Oder noch mal aufbrechen ins unbekannte Ausland? Alles offen – und das fühlte sich fürchterlich und wunderbar zugleich an.

In vielen Gesprächen auf unseren Nachtfahrten probierten Diana und ich Leben an wie Kleider. Beim Frühstück fragten wir die Kinder: Könnt ihr euch dies vorstellen oder jenes? Wir wollten nicht auf unseren alten Ideen beharren, wir wollten alles noch einmal überprüfen, auch im Familienrat. Denn wir hatten uns verändert durch das Reisen, durch Lukas' Erkrankung und die Erfahrungen in Tamera und Schönsee.

Wir suchten die Konstanten – in unseren Werten, Vorstellungen und auch beruflich – und stellten fest, dass wir mit Leib und Seele Veranstalter sind. Wir lieben es, andere zu motivieren, zu inspirieren, können gut organisieren und sind kreativ, spontan, flexibel, lösungsorientiert und leistungsbereit. Wir schaffen gern was!

Das klingt fast wie eine Bewerbung, ja. Wir sandten sie an unsere eigene Zukunft, in der wir uns nicht auf Yoga-Events beschränken wollten, sondern das Spektrum erweitern. Tanz- und Kreativ- und Kultur-Festivals, Music-Sessions, Free-Life-Festivals, Family-Yoga, Familiencamps, Frauenkreise, Männerkreise – Hauptsache come together, viele Menschen mit open mind, heart and soul! Dafür brauchten wir einen geeigneten Ort. Dann würden wir vielleicht sogar sesshaft werden, also ein bisschen, denn auf einem solchen Fleckchen Erde, idealerweise an der Sonne, sollten mit uns andere Menschen leben und arbeiten, die unsere Visionen teilen. So wie in Tamera und

Schönsee. Aber in Portugal war kein Platz mehr für Menschen und in Schönsee keiner für Veranstaltungen.

Eines Tages mailte uns eine Freundin eine Anzeige aus der Zeitschrift *Schrot und Korn,* die in Bioläden ausliegt. Rot umkringelt: 7,5 Hektar in Südportugal zu verpachten. Wir meldeten uns sofort – wie über hundert andere. Das Land lag nur vierzig Autominuten von Tamera und zwanzig vom Atlantik entfernt. Ohne auch nur ein Foto gesehen zu haben, spürten Diana und ich: Das ist es. Fairerweise muss ich zugeben, dass Diana es ein bisschen schneller spürte.

Drei Tage bastelten wir an unserer Bewerbungsmappe und wurden mit fünf anderen zu einem Kennenlern-Gespräch eingeladen. Weil Lukas noch nicht fliegen sollte, machte ich mich allein auf den Weg. Mit dem Verpächter, Adam, verstand ich mich prächtig, ja wir entwickelten auf Anhieb gemeinsame Pläne. Adam hatte in den letzten dreißig Jahren mehr als eintausend Bäume gepflanzt und einen Wald aufgeforstet. Doch allmählich wurde ihm die Arbeit zu viel – sein Grundstück ist fünfzehn Hektar groß –, und er wollte einen Teil davon abgeben. Mit vielen Ideen im Kopf, Fotos und Filmen auf dem Handy kehrte ich zurück an den Ammersee, wo Diana und die Kinder Freunde besuchten. Alle waren genauso begeistert wie ich. Zwei Wochen später kam Adam nach Deutschland, und wir unterschrieben den Pachtvertrag für unser *Land of Love* ab Januar.

»Von mir aus könnt ihr jetzt schon aufs Grundstück«, meinte Adam. »Ist ja viel praktischer, den Umzug im Herbst zu machen, als wenn ihr im Winter mit Sack und Pack durch die Kälte müsst, oder?«

Wir staunten, wie viel sich angesammelt hatte. Mit unserem treuen Vario, der einen günstig erstandenen Wohnwagen zog und auf dem Dach das Tipi mit den zehn Meter langen Stangen trug, sowie unserem neuen VW-Bus brachen wir auf ins gelobte Land. Die Schönseer winkten uns zum Abschied – es war keiner für immer, unseren Bungalow behielten wir.

Zwei, drei Kilometer hinter der italienischen Grenze geschah ein Wunder. Chris aus Schönsee rief an.

»Wo seid ihr?«

»Am Brenner.«

»Ich hab eine gute Nachricht für euch«, sagte er. »Wir haben uns hier noch mal zusammengesetzt und mit denjenigen gesprochen, die eure Events seinerzeit abgelehnt haben. Also: Ihr habt jetzt von allen grünes Licht als Veranstalter in Schönsee.«

»Sag bloß, ihr vermisst uns jetzt schon?«, grinste ich und drückte auf laut.

»Brennend«, entgegnete Chris schlagfertig.

Verblüfft schauten Diana und ich uns an.

»Dann bespielen wir in Zukunft also zwei Bühnen«, sagte ich.

Und Lilly hatte mal wieder das letzte Wort: »Mein großer Bruder ist nämlich ein Sänger!«

Im November kamen wir in Portugal an. Es regnete in Strömen.

Und jetzt wurde es richtig spannend …

Dank

Wir bedanken uns bei der wundervollen Shirley Michaela Seul
für ihren unermüdlichen, geduldigen und liebevollen Support,
für den ein oder anderen A****tritt und die kreative Umsetzung unserer wirren Gedanken.
VIELEN, VIELEN DANK!

Namasté!

& jetzt noch ein paar spezielle Verneigungen für:
Unsere wundervollen Kinder
Unsere Familien, unsere Eltern
All die Visionäre, Traumtänzer, Pioniere und verRückten
All die Wunderheiler, Vollblut-Ärzte & Krankenschwestern,
Pfleger

… und euch!
Danke, dass ihr mitgekommen seid auf die Reise ins unbekannte Ausland!

Diana, Percy und die Piraten

Wofür unser Herz schlägt

Be the Change
https://www.be-the-change.de/

AMIXIPI
www.amixipi.com

GEN Europe // Global Ecovillage Network Europe
https://gen-europe.org

Nature Community Schönsee
www.nature-community.de

Namaste Family
www.namaste-yoga.de

Tamera
www.tamera.org

Zero Waste
www.zero-waste-deutschland.de

Freilerner Solidargemeinschaft
https://www.freilerner-solidargemeinschaft.de

Freies Lernen
www.sofatutor.com
https://clonlara.de

Bücher, die wir euch ans Herz legen möchten

Dregger, Leila: »Tamera – Ein Modell für die Zukunft«, Verlag Meiga, Belzig 2010

Duhm, Dieter: »Die heilige Matrix«, Synergie Verlag, Belzig 2001

Johannsen, Diana: »Karma Cooking«, München 2017

Johannsen, Percy Shakti: »Yoga unlimited – Feiere dein Leben immer und überall«, München 2016

Johannsen, Percy Shakti: »Stand Up Paddling Yoga«, München 2017

Kriyananda, Swami: »Kooperative Kommunen«, Frank Schickler Verlag, Berlin, 1978

Millman, Dan: »Die Lebenszahl als Lebensweg«, Ullstein-List Verlag, München 1999

Puma, Naupany: »Pachakutec – Die Rückkehr des Lichts«, 2013

Seul, Shirley: »Das Leben ist keine To-do-Liste«, München 2015

Stern, Bertrand: »Schluß mit Schule«, tologo Verlag, Leipzig 2006

Tolle, Eckhart: »Eine neue Erde«, Arkana-Verlag, München 2005

Yogananda, Paramahansa: »Die Bhagavad-Gita«, Self Realization Fellowship, USA 2005

Yogananda, Paramahansa: »Autobiographie eines Yogi«, SRF Eigenverlag, 1998

Apps, die wir euch ans Herz legen möchten

Trips planen
  Rome2Rio

Schlafplatz mit dem eigenen Auto finden
  Park4Night

Und wenn ihr etwas auf dem Herzen habt

Diana
diana@namaste-yoga.de
www.karmacooking.de

Percy Shakti
percy@namaste-yoga.de
www.shaktiji.com